JN182680

わが師・先人を語る 2

上廣倫理財団 編

弘文堂

まえがき

上廣倫理財団は一九八七年四月一日に文部省社会教育局（現在は文部科学省生涯学習政策局）に設立を許可されて以来、倫理教育の研究と教育の振興を目的に多様なプログラムを展開してきた。「倫理」を幅広く捉えて「個人が豊かな人生を過ごすことを手助けする知恵や実践」と広義に解釈し、あらゆる価値観から不偏不党の立場をとり、しかも、国際的な交流を目指してきたこともあって、その歩みの過程で、実に多数の多様なジャンルの文化的リーダーと交流し協力しあう機会を頂いてきた。

その過程で研究者、文学者、医学者、演劇人、アスリート、画家など分野は異なるが、その道の深奥に到達した方々には、例外なく、人生において例外なく、影響を受けた師や先人が存在していたことが観察された。当財団は、二〇一三年から財団がこれまでご縁を頂いてきた文化的指導者のご理解とご協力を得て、『わが師・先人を語る』というテーマの講演会を定期的に実施し、二〇世紀から二一世紀にかけての日本における知の営みの貴重な記録資料として弘文堂より出版化するプロジェクトを立ち上げた。

師にせよ先人にせよ教育的感化を受けた対象について形式的な枠を設定しないで、各人の人生経験や個性、師や先人との関係性の独自性を尊重して自由に語り、記述して頂くことを最低限の編集上の決め事とした。

幸いにも、『わが師・先人を語る』第一巻は各方面より高い評価を得ることが出来た。讀賣新聞の特別編集委員の橋本五郎氏は二〇一五年五月八日の讀賣新聞「五郎ワールド」にて、現代社会において科学や通信手段の発達によって希薄となった師弟の関係性の重要さを指摘するコラムの中で本書を紹介して下さり、本書に登場した河合雅雄氏と今西錦司氏、中西寛氏と髙坂正堯氏とのこの上なき師弟関係に言及して下さった。

このたび、シリーズ第二巻を世に送ることになったが、当初の企画の段階では気付かなかったことがあった。四年間で二四名の講演者・執筆者を招き、定型化を排除した上で、自由に語っていただくという現代の管理社会では破天荒な試みが、実は英国の文学者チョーサーが『カンタベリー物語』において採用した手法を自然に踏襲していた、ということである。カンタベリー大聖堂へ旅する巡礼たちが、たまたま投宿した宿で、性別、年齢、身分、貧富の違いを超えて、それぞれが知っている物語を語る「枠物語」の形式の作品である。

本書第二巻では、第一巻では研究者が中心であった構成上の反省を踏まえて、政治学者、江戸文化史学者、中央アジア史学者と研究分野の異なる三名を招き、加えて直木賞作家を含む作家三名、さらには、俳人一名、詩人一名と文化ジャンルを多岐にわたらせることに努めた。これによって、実に興味深い師弟関係・先人からの影響に関する記述を読者に届けられることになった。

今回の執筆者の稿を読んで、師や先人からの影響や感化と一口に言っても、実に多様な実相があることが判明した。作家逢坂剛氏のように自らの父親から生活の中で学ぶこともあるし、俳人星野高士氏のように高浜虚子から生まれ出た俳人としての代々の文化的な遺伝子を継承している場合もある。政治学者佐々木毅氏や歴史学者竹内誠氏の場合のように、大学の研究室で長期にわたる師弟の交わりを通して自らの研究スタイルを樹立することもある。作家松井今朝子氏のように、師の日本文化への情熱に導かれ、歌舞伎の現場に身を置いた経験から作家になることもあるし、作家関川夏央氏のように、世の大勢に惑わされない先人の勇気に影響を受けたこともある。一方では、郷里の偉大なる先輩や先人と時を越えて交流し、先人の生き様や精神を現代に生きる自らの生きる糧とした星寛治氏のようなケースもある。そして、自らの中央アジア踏査行の経験の中で、明治期と昭和前期に日本を訪れたイスラームの偉大な先人の高邁な志とその魂に思いをはせた小松久男氏のような事例もある。

人類の歴史、とりわけ、文化の歴史は、師匠と弟子、先人と後進の身体性や精神性を媒介として次世代に移転されていく。どのように、情報技術が発達しても、こうした伝承の機能が維持できなければ文化は希薄なものとなり、やがて衰退してゆかざるを得ないであろう。こうした、仮説によって、本叢書は企画され、運営されて来た。

しかし、本事業の継続的な運営の過程で我々が遭遇した新発見もある。優れた師匠や先人の影響を受けて、弟子や後進がその文化的営みを充実させる一方で、優れた弟子や後進が現れてこそ、歴史に埋もれてしまった師匠や先人の文化的優秀性や深い精神性が再発見されうるということである。古来、因縁という言葉を日本人は好きである。「ご縁を大切にする」ということが弟子の倫理としてしばしば言の葉に上る。だが、弟子や後進の英知を求めて已まない、しかも燃えるような精神が因として働いてこそ、縁が生かせるのではないだろうか。第一、第二巻で寄稿された文化的リーダーの師弟観と先人観は、そのことを実に雄弁に語っていると思われてならない。本シリーズはこうして、『カンタベリー物語』のごとくに、次の語り手・書き手によって「わが師・先人」が語り継がれるのである。

公益財団法人上廣倫理財団事務局

目次

武智鉄二というカオス

武智鉄二
たけち・てつじ
一九一二―一九八八年。演劇評論家、演出家、映画監督。京都帝国大学卒業。戦後の武智歌舞伎で著名。「黒い雪裁判」の被告人としても知られる。

松井今朝子
まつい・けさこ
一九五三年生まれ。小説家、歌舞伎研究家。早稲田大学文学部演劇科卒業。『吉原手引草』で第一三七回直木賞受賞。

武智鉄二先生に出会うまで

まず、武智鉄二という人物について、世代的によくご存じの方もいらっしゃるでしょうし、全くご存じないというよりも、何か別のイメージを持っていらっしゃる方もたくさんおいでになるだろうと思います。最初に先生のプロフィールを話す前に、まず私と武智先生の出会いから話すことにいたします。

武智先生を私にご紹介くださった方は、私にとっては大変意外な方であったということをまず申し上げておきたいと思います。それは、当時早稲田大学文学部の助教授をなさっておられた内山美樹子*先生という方です。この方は人形浄瑠璃の研究では現在第一人者だと思います。この方は、ほんとうに従来のいわゆる学者さんというイメージを全く裏切らない、非常にストイックな学究肌の先生でございました。

この方のエピソードを語るだけでもさまざまありますが、私が驚いたのは、先生のおうちに行って少し私も勉強を一緒にさせていただいたりしていたときのことです。寝る間も惜しんで、食事をする間も惜しんで、お皿が汚れると片づけが大変だから、紙の上に食べ物を置いて召し上がるというぐらいに、極力日常的な手間を惜しんで学究をされていまし

＊内山美樹子（1939 年生まれ）

うちやま・みきこ　近世文学の研究者。早稲田大学名誉教授。実業之日本社で『少女の友』主筆だった内山基の長女。母方の祖父は内田百閒。

た。現代ではそういう先生はもういらっしゃらないかと思いますが、そういう意味では、ほんとうにある時代までの学者さんというイメージを裏切らない、真摯な研究者の方でございました。

この方に私は卒業論文の指導教授になっていただくことになりました。もともと私は河竹登志夫**先生を指導教授に仰ぐつもりだったのですが、その先生がしばらくウィーン大学の先生をなさるということで、日本にいらっしゃらないので、どうしようかなと思ったときに、内山先生の授業がとても魅力的だったのでお願いしたのです。例えば文楽の『忠臣蔵』の六段目のことなんかを講義なさるときに、実際の舞台を見ているとそんなに泣けないんだけれども、先生の講義を聞いていると泣けるというぐらいに授業がすばらしく魅力的な先生でございました。

そういうことがあったことと、私は遠縁に歌舞伎役者がいたり、祖父が素人義太夫といいまして、素人でも芸名を持って人形浄瑠璃を語る人というのが昔はあったのですが、そういうのをやっていた関係で中学生のころから浄瑠璃が好きで聞いていたりするようなところがありましたので、つまり私自身の環境的なこともありまして、この先生を指導教授に仰いだわけであります。

私は今、還暦を過ぎておりますが、その当時、早稲田の文学部はまだ女性の学生を抑え

**河竹登志夫（1924年生まれ）
かわたけ・としお　演劇学者。早稲田大学名誉教授。

ていました。七対三の割合で男性の学生を多く採っていたといわれたぐらいで、まだまだそういう時代でした。ですから、当然ながら女性の研究者自体が珍しく要するに内山先生はとにかく希少な存在だったわけです。それだけに、今の時代には考えられないようなお気遣いとご苦労がはたで見ていてもはっきりとわかるほど、研究者として象牙の塔の中でやっていくために大変な努力をなさっていた方であります。

私はその先生について、卒論のテーマは近松半二*の研究でした。近松半二は、有名な作品では『妹背山婦女庭訓《いもせやまおんなていきん》』という作品があります。スケールの大きな、ミステリアスな作風を持った人形浄瑠璃の作者で、大体五〇本以上作品を書いていますが、その当時、まだ活字化されているものが一〇本もなかったように思います。ですから、ほとんどの作品は活字化されていない。つまり、浄瑠璃の版本しかなかったのです。版本というのは文字を版画にした本です。早稲田の演劇博物館はそういう浄瑠璃の版本が日本一多いところでございましたので、そこに行けば全部読めるのです。私は研究するときに近松半二のそれを全部読みました。いわゆる昔の崩し字を読むのですが、普通、誰もそういうのは大学生のころはまだ読まないわけです。学部の学生だと読まないんですが、何となくおもしろくなっていって、ちょうどアラン・ポーの『黄金虫』のように、この文字とこの文字はこれと一緒だなというふうに合わせていくと大体読めていけるという自分なりの発見があり、そ

*近松半二（1725-1783年）
ちかまつ・はんじ　浄瑠璃作者。竹本座の座付作者となり、近松門左衛門に私淑して近松半二を名乗った。

れで浄瑠璃本を近松半二に関しては全部読みました。結果、古文書の崩し字が読めるという学生は、それはそれなりに希少な存在だったので、大学院に来いとお誘いを受けました。

ちょうど私の卒業のときはオイルショックの直後だったので、就職課に行っても就職先がほとんどないんですね。特に演劇科の学生とかというとまるでゼロなもんで、卒業したら家に帰るしかない。家に帰ってどうしようかということになる。やはり、家を継ぐのはどうかなあという思いもありましたので、それなら大学院に行こうかというふうに、わりと後ろ向きな気持ちで大学院に行きました。その当時、大学院に行って就職待ちをする学生というのが、私以外にも結構多い時期でした。それ以前の大学院生というのは、学者になるために行くというのが当たり前の時代だったと思います。私ぐらいの世代から少し就職待ちの気分もあって行くという人がぼつぼつ出始めたかなというようなところでございました。

私は内山先生から妙に優遇をされて、共同論文を書くという機会も与えられました。学生と助教授とが共同論文を書くということはめったにないことだったと思います。ただ、そういうふうな優遇されましたので、私は周囲からこの先生の跡を継ぐ存在であるという認識をされていたようなところもありました。でも、私にとってみれば、内山先生という方はあまりにもストイックで、あまりにもいわゆる学者さんだったために、こんなふうに自分がなれるんだろうかという戸惑いもあり、とても迷っていた時期でした。ちょうど、小此木啓吾*さんの『モラトリアム人間の時代』がはやった時代でした。モラトリアム人間というのは、結局まだ自分のほんとうの進路を決めかねて迷っている、迷ってモラトリアム、つまり猶予期間をずっと持ちこたえているという人間が最近増えているよね、ということで一世を風靡した評論だったと思います。まさに私はそういう形で、モラトリアム人間として大学院に籍を置いておりました。

大学の講義のテープ起こしをきっかけに

そういう時に内山先生から武智鉄二先生を紹介されました。武智先生はもちろんその時代も私たちの中では文楽の評論とか、あるいは歌舞伎の研究とか演出で高名な方だったし、内山先生が学恩をこうむっていた方であることは認識していましたが、内山先生が私を武智先生に紹介されたことは、私にとっては大変に意外に思われたことでした。

それはなぜかといいますと、私の中で武智鉄二という人は、その時点では完全に終わった人という感じがあったのです。過去の偶像は完全に地に落ちたというイメージでした。それの一つの原因は、『黒い雪』**という映画を撮られて、これがわいせつ裁判になって、つ

＊小此木啓吾（1930-2003年）
おこのぎ・けいご　精神科医、精神分析家。慶應義塾大学名誉教授。

＊＊黒い雪事件
『黒い雪』（1965年）の公開上映について、わいせつ図画公然陳列罪で起訴されたが、一審、二審とも無罪。

まりわいせつなことをする人である、わいせつなことをした人であるというイメージが付着していたこともあります。もう一つは、当時、ちょうど田中角栄内閣の時代で、自民党が金権腐敗政治の温床のように思われていた時代だったのですが、そのときに何と武智先生は自民党から参議院に立候補するということをなさいました。それが私の大学時代のことで、そのころの学生にとっては許しがたいように認識され、武智先生というのは私の中で、著作はもちろん読んでいたのですが、完全に終わった人だったのです。

ところが「一度、あなた、武智先生にお目にかかってみませんか」と内山先生に言われてみるとやはり好奇心が湧くわけです。いわゆる武智歌舞伎で有名な方だし、その後、何だかわけのわからないことになっているけれども、とにかく有名人ではある。そういう方にお目にかかってみませんかと誘われたら、やっぱり会いたいという気持ちがありました。内山先生のような真面目で求道的な研究者が、いかがわしいイメージがあった武智先生と知り合いであること自体、私にとっては不思議で興味が湧いたこともあります。

最初は赤坂の画廊でお会いしました。ほとんど五分ぐらいの出会いだったと思います。内山先生が一方的に、武智先生に、この方をよろしくお願いいたしますというふうに、ばっと頭を下げられて、とても早口な方なんですけれども、ババババッと何かおっしゃって、武智先生がどうぞおかけくださいとおっしゃるんだけれども、そのまま、立ったまま失礼しますみたいな形で、たった五分間ぐらいのほんのちょっとした出会いだったのです。私はただ呆然とそれを見ていました。そのときにお目にかかった実際の武智先生は、私がイメージしていたような、自民党から立候補するような、あぶらぎった、どぎつい感じでもエキセントリックな感じの人でも全然なくて、上品な関西弁をおしゃべりになる、常識的な方に見えました。そして、とても腰の低い方だったです。内山先生も大変に腰の低い方で、人に九〇度ぐらいの角度でいつも頭をお下げになるんですが、武智先生もほんとうに物腰のやわらかな、上品な方だな、意外に普通にまともにお話ができそうな方だなという感じの印象を受けたのを覚えております。

武智先生と別れて、内山先生が帰り際に、「ほんとうにびっくりなさったでしょう。書かれるものと全然違いますでしょう」と、おっしゃったのが非常に印象に残っています。書かれたものと全然違いますでしょうというのは、確かに書かれるものはアグレッシブな、つまり攻撃的で、揶揄的な文章を好んでお書きになったところがありますが、それとお目にかかった感じとのギャップが確かに大きいのも驚きでした。

私が武智先生に紹介された理由は何だったかというと、その前年度に早稲田大学の大教室で行われた講義録のテープ起こしをする学生を求めていて、そのテープ起こしをやってくれということでした。私は大学院に行きながらいろいろなアルバイトをしていました。

その中の一つとして、武智先生の講義録のテープ起こしをすることを引き受けました。実際に文学部であった授業ですので、私も一回だけ受講したものの、初回があまりにもおもしろくなかったので、すぐにやめてしまった、いわくつきの授業でした。

大教室でおしゃべりになるときに、武智先生は意外にたどたどしいしゃべり方をなさる方だったのがまず意外でした。それと、当然ながら歌舞伎のこととか文楽のこととかをお話しくださると思っていたのに、第一回は延々と西南戦争*についてのお話で、なぜ薩摩軍に官軍が苦戦をしたかというような内容だったのです。それは官軍が日本人の履きなれない靴を履いていたからだというような説だったと思います。一体ほんとうなのかうそなのか、武智先生は独特のいろいろな、文献をもちろんいろいろお読みになるんでしょうけれども、どこから引っ張り出してきた話なのかというようなこともあったりするので、私も一回聞いただけでやめてしまったんです。けれども、そのテープ起こしをすることになり、全体を通してようやくその内容を理解して、なるほどと思った講義でもありました。ざっくりと申し上げますと、日本民族は本来どういうあり方だったのかの考察です。

武智先生を語る上で重要なキーワードと私が考えているのは、一つは戦後という時代だと思います。戦後、GHQ**によって日本が占領されていた時代を戦後だとして、武智先生は、その戦後に欧米文化が一気にどっと日本に入ってきて、それに日本人が迎合していく

＊西南戦争

1877年（明治10年）に鹿児島士族が起こした、西郷隆盛を首領とする大規模な反乱。

＊＊GHQ

連合国軍最高司令官総司令部　General Headquartersの略号GHQや進駐軍という通称が用いられた。

中で日本文化がほんとうになくなるのではないかという危機感が、今の私たちよりもずっと強くあったのだと思います。そういう時代の方だったということをやっぱり忘れてはならないのです。その危機感のもとに武智先生は、日本民族の文化とは何かということを真摯にお考えになったんだろうと思います。

武智先生の恐らく造語で、原初生産性という言葉があります。民族の文化というのは原初生産性、つまりプリミティブな生産性、例えば日本であるならばそれは農耕、それも水田稲作農耕が日本民族の文化の根底にあるとする観点から日本の文化というものを考えられました。それをいろいろな例をもってお話になるわけで、例えば、日本人はらせん階段が苦手であるとかいった具合に。確かに日本の家でらせん階段のついているところは少ないと思います。なぜなら日本人は円運動が苦手だからだと武智先生はおっしゃっていて、円運動というのは基本的に牧畜民族にとっては欠かすことのできない動きだけれども、日本人は農耕民族だから円運動をする必要がなかったために、芸能の中にも円運動は大変珍しい、ほとんどないと言ってもいいとおっしゃっています。

あと、靴を履く習慣になじまないとおっしゃっていました。要するに足の感触で泥田を感知するために、靴を履く習慣になじまないということが日本民族の中にある。だから、例えばヨーロッパで暮らしている日本人のところに遊びにいったりすると、おうちに必ずスリッパがあるんですね。家の中でも靴を履いている日本人は海外でも意外に少ないような気がします。結局最初の話に戻りますが、靴を履く習慣になじみがなくて西南戦争で官軍が苦戦したという話になるんです。また農耕の際、すきで耕すときに半身になる姿勢をナンバの姿勢といいますが、そういう半身の姿勢でいることが日本の芸能の動作のあらゆる基本になっているとおっしゃっています。右手と右足と同時に出すナンバという動作が、日本人の基本的動作だったのではないかというのが武智先生のナンバ理論と言われるものです。

例えば着物で歩くときも、右肩と右足が一緒に動き出すということがあります。こういう動きが日本動作の基本であって、これが舞踊にしろ何にしろ基礎になっているのだという考え方。日本人はいろいろ西洋化される中でもどこかにそういうものを残してきている。その残してしまったものが抑圧されるケースもあるのだけれど、やはり民族としてはそれを残していかなければならないのだというようなことを、武智先生はいわゆるナンバ理論としてお語りになっておられました。テープ起こしではそれを何度も聞き直しますので、私にはそれが何となく体にしみ込んだようなところがありました。

そのテープ起こしをどういうわけか武智先生は気に入られて、いろいろな仕事を私に任されるようになりましたが、実際にお会いしたのは内山先生から紹介された最初の五分間の面談でしかなくて、その後は全部、仕事を依頼されるのは武智先生についていらした編集者の方から、武智先生がこういうことをおっしゃっています、ああいうことをおっしゃっていますと言われました。物を書いたりするようないろいろなことを任されて、何が何だかわからないままに、とにかくモラトリアムでそういう時間がありましたので、『定本武智歌舞伎』*という本の改題を書いたりとか、いろいろなことをそのときにやっておりました。

いろいろなことをやらされておりました中の一つが、歌舞伎塾の助手でした。そのときに武智先生とようやくちゃんとお目にかかることになりました。武智先生は、学生を集めて歌舞伎塾を何度か行ってらっしゃいます。私が助手としてかかわったのは、その最後となる歌舞伎塾でした。そのときは主に早稲田大学と法政大学の学生、それも歌舞伎研究会の学生が中心で、早稲田にあるそば屋の二階に集まりました。歌舞伎塾ではどんなことをやっていたかといいますと、最初のテキストは『義経千本桜』の「すし屋」の段という浄瑠璃でした。それを先生がみずからお語りになるのです。語られて、ここはこう語らないといけない、それはなぜなのかということを逐一説明なさいました。

語りの技法に、そんなに理屈があって説明がつくということが私には大変な驚きで、例えばどういうことをおっしゃるかというと、ここの言葉はこの障子の陰に隠れているこの

*『定本武智歌舞伎』1巻-6巻
三一書房、1978-1981年刊。

人物に聞かせるつもりなんだから声を遠くに響かせるように語らないといけないとおっしゃるわけです。それはそれは、目を見開かれる思いでした。三〇〇年前に書かれた浄瑠璃が、まるで今日のミステリーを読むような、そういう臨場感でもってぐっと立ち上がってくるというような、生き生きとその浄瑠璃が読めてくるというおもしろさがありました。

実際に武智先生は語りが大変にお上手で、大教室であんなたどたどしい講義をなさっていたのが不思議なくらい、語りをなさるとうまかったんです。もともと体の厚みがある方だったので声量がおありになったのと、音感がすぐれていらしたので、いわばボーカリストとしての才能があったのだと思います。とにかく語られると、なるほどというふうに浄瑠璃が読めてくるというか、私たちに理解されてくる。

じゃあ、先生は、その語りを誰から習ったのかというと、これが近代の名人と言われました豊竹山城少掾**直伝だったのです。それを自分のものになさった先生もすごかったんですが、とにかく師匠がまたすごかった。なぜ豊竹山城少掾に直に習うことができたのかということを話すには、やはり武智先生のプロフィールをここでざっと紹介しておく必要があるだろうと思います。

**豊竹山城少掾（1878-1967年）

とよたけ・やましろのしょうじょう　義太夫節大夫。近代屈指の名人として知られ、義太夫節・人形浄瑠璃に大きな足跡を残した。

武智先生の生い立ち

武智先生のお父様は京大の土木工学科を出て武智式基礎工事の特許を取られた方です。土建業で財をなされ、今に換算すると当時として八〇〇億円ぐらいの大資産家の息子に生まれています。ご本人も京大出ですが、学生のころの月々のお小遣いが、これも今日に換算すると五〇万円ぐらいで、いわゆる関西のブルジョアジー、今でいう富裕層の最たるものだったんだろうと思います。安宅コレクションとか芸大の安宅賞で有名な安宅英一の弟さんの安宅重雄が同級生だったりするというような、関西のブルジョアジーだったのです。その安宅重雄の影響でご本人も西洋音楽に造詣が深くて、当時レコード針の収集では日本一だったり、絵画も速水御舟*のコレクションでは日本一だった時代もあるぐらいで、要するにお金持ちのぼんぼんだったわけです。

この当時、芸術にお金持ちがお金を蕩尽したのは、一九世紀の芸術至上主義がやはり根強く尾を引いていたからだろうと思います。今でもお金持ちはたくさんいらっしゃいますが、今は環境問題とかにお金を使われるのかもしれません。この当時は皆さんこぞって芸術にお金を注がれた時代だったのでしょう。

＊速水御舟（1894-1935 年）
はやみ・ぎょしゅう　日本画家。「名樹散椿」は昭和期の美術品として最初に重要文化財に指定された。

＊＊喜多六平太（14 世）（1874-1971 年）
きた・ろっぺいた　喜多流シテ方能楽師。喜多流十四世宗家。人間国宝。

武智先生がそうした芸術のパトロンとして最も花開くのは戦時中でしょうか。終戦の直前、昭和一九年に劇場封鎖令で日本の劇場がどこもかしこも全部封鎖されてしまう事態になったときには、日本の古典芸能で有名な、例えば、能の喜多六平太**とか文楽の山城少掾とか、あるいは舞踊の四世井上八千代***とか歌舞伎の七代目三津五郎****とか、そういう人たちをポケットマネーで招いて、その芸を限られた人に無料で見せるということをなさったようです。

それと、お父さんの会社が土木業で、戦時中、日本に鉄がなくなったのでコンクリートで船をつくるという、泥船の話のような、ちょっといかがわしいような感じがしますけれども、そういう軍需工場をなさっていたので、そこにいわゆる古典芸能者のお能の方、特に例えば鼓打ちの人なんていうのは、軍需工場に働きにいかされて金属をいじったりすると手がだめになってどうにもならないので、うちに保護して何もさせずに一間に置いて、とにかく勤めた形にして保護したりというようなことがあったそうです。

武智歌舞伎から前衛的イベント、映画へ

そういう保護的なパトロナイズを戦時中におやりになっていて、戦後にそれが武智歌舞

****坂東三津五郎（7代目）（1882-1961年）
ばんどう・みつごろう　歌舞伎役者。人間国宝。

***井上八千代（4代目）（1905-2004年）
いのうえ・やちよ　京舞井上流四代家元。人間国宝。

伎で役立ちました。今の坂田藤十郎＊とか、亡くなった五代目中村富十郎＊＊とか、映画で早くに亡くなって残念だった市川雷蔵＊＊＊とか、また、後になりますが先代の猿之助など、武智歌舞伎の中から後の名優がたくさん出たので、武智歌舞伎というものだけは皆さん名前としてご存じかと思います。もともとこれは皮肉なことにGHQの指令から始まったことでした。GHQが演劇の民主化を唱え、歌舞伎も民主化しないといけないという中で、関西実験劇場歌舞伎再検討公演というのがいわゆる武智歌舞伎の正式な名称だったのです。

歌舞伎は、戦後、一時『忠臣蔵』とかが上演できなくなった時代がありました。なぜなら軍国主義のスローガンである「忠君愛国」のいわば忠君の部分、つまり主君のために切腹したりとか、主君のために子供を犠牲にしたりとかという内容が多かったために、これはどうしても民主化を妨げるものであるとして、一時期、歌舞伎は上演できないときがありました。外国の歌舞伎愛好家のフォービアン・パワーズというような人の尽力もあってそれはすぐに解禁されます。それでも歌舞伎がいわゆる封建主義を鼓吹した、庶民が権力に虐げられる芝居であるという印象がぬぐい切れなかった、そういう時代に、それを日本の中でどうしたら肯定できるかと武智先生はお考えになって、虐げられる庶民が必死の抵抗をしている演劇なのだと歌舞伎を位置づけ、その観点で捉え直した原作通りにきちんと上演しようとしたのが武智歌舞伎だったのです。

＊坂田藤十郎（4代目）（1931年生まれ）

さかた・とうじゅうろう　俳優、歌舞伎役者。人間国宝。

＊＊中村富十郎（5代目）（1929-2011年）

なかむら・とみじゅうろう　歌舞伎役者。人間国宝。

武智先生はそればかりでなく、歌舞伎の古典化を考えるようになります。歌舞伎の古典化というと、歌舞伎はもともと古典じゃないのと皆さんおっしゃるわけですが、古典というものはただ単に古くから続いているから古典なのではなくて、ほんとうは規範となるべきものを古典というのです。ところが、歌舞伎は実は台本でさえ定本というものがありません。要するに、役者がとにかく、し勝手といいますか、もともとは役者のために書かれたもので、役者を魅力的に見せるためにでき上がった芝居ですから、役者がどうやろうとその役者の勝手であるというふうにして長く続いていました。例えばシェイクスピアがある時期、一九世紀、二〇世紀にきちんとした定本ができたようにはならなかったのです。歌舞伎を検証するには原点に回帰することだと考えられたのが武智先生でした。

原点とは何かといいますと、歌舞伎の場合、その台本の多くは人形浄瑠璃のいわばパクリだったわけです。有名な『忠臣蔵』即ち『仮名《かな》手本《でほん》忠臣蔵《ちゅうしんぐら》』を始め、歌舞伎の三大名作と言われている『義経千本桜《よしつねせんぼんざくら》』、『菅原伝授手習鑑《すがわらでんじゅてならいかがみ》』、これらはいずれも人形浄瑠璃がもとになった作品です。それを歌舞伎で上演したことでメジャーになって今日に残っているのです。歌舞伎は、台本はほとんどが借り物であっても、そのかわりに役者の型、つまり演出を残してきた。ところが、その型も、じゃあ、その型が作品の内容を表現するのに正しいのかどうなのかということは一度も検証されないまま今日に来てしまったのが現実で、

***市川雷蔵（8代目）（1931-1969年）
いちかわ・らいぞう　俳優、歌舞伎役者。

代々の役者がうちの家ではこうしたやり方ですからというふうにしてずっと伝わってきているのが歌舞伎だったのです。

それをもう一度原点に回帰して、根本からきちんと検討しないといけないのではないかと武智先生は考えられた。原点回帰するためにどうすればいいかというと、例えば、丸本物と呼ばれる浄瑠璃から来た歌舞伎の台本で演じるときは、山城少掾のところに行って語り方を習いなさい、と武智先生は教えられる。坂田藤十郎は自分で、山城少掾のところに行って、語り方を教わったり、舞台上の歩き方ひとつでも能の名人である桜間道雄のところに行って、延々と教わったそうです。当時まだ一九歳。一〇代で扇雀といっていたころの坂田藤十郎がそういうことができたのも、戦時中に武智先生の恩義にあずかっていた古典芸能の名人たちがみんな先生に義理立てをして、そういうことを教えたのです。そういう基本的なことから修行した人たちが武智歌舞伎で演じて後の名優になっています。先生は、実際に自分が育てたというよりは、そんなふうに人に預けることによって育てられたというところがありました。

武智歌舞伎は昭和三〇年で終わってしまいますが、その後、昭和三〇年代に入ると武智先生は精力的に、前衛演劇の走りのようなイベントを続々と発表なさいます。その中でも一番すぐれていると三島由紀夫が絶賛したのはシェーンベルクの歌曲『月に憑かれたピエ

＊**観世寿夫**（1925-1978年）

かんぜ・ひさお　観世流の能楽シテ方。

ロ』。関西歌劇団の浜田洋子が歌い、若くして能の名人と呼ばれながら早逝した観世寿夫＊と今の野村万作＊＊が共演した公演です。シェーンベルクというだけでも一二音階の極めて前衛的な音楽ですが、そこに日本の能と狂言の人たちをコラボさせる一大イベントでした。

もっとスケールの大きなイベントは、甲子園球場と、神宮外苑の競技場でなさったオペラ『アイーダ』＊＊＊でしょうか。今サッカーの入場のときに必ず聞こえてくる有名な凱旋行進曲のシーンで、実際に馬とラクダと羊と象を出して場内を一周させたということが当時の雑誌にちゃんと記録されています。写真も残っています。

一九八〇年代にアメリカのそうしたイベントフルなオペラが来日したことがあったと思いますが、昭和三〇年代にそんなことをするのは世界的にもちょっと考えられないようなことだったと思います。二期会を主体とした一〇〇〇人の歌手が出演し、七万人の観客動員があったということです。そのときに演出助手をしていたのが永六輔さんで、永六輔さんは、武智先生が亡くなった直後に、私に会いたいとおっしゃられて、お目にかかったことがあります。そのときに、僕はあなたのずっと前に武智先生のかばん持ちをしていたんですよと言われて、『アイーダ』のときには、どこでもいいからとにかく今ここにすぐに象を連れてこいと言われて、どれだけ困ったかという話をされました。永さんは、「僕は武智鉄二みたいになりたかったんですよ」と、はっきりとおっしゃいました。私は「はあ？

＊＊野村万作（二世）（1931年生まれ）

のむら・まんさく　狂言方和泉流の能楽師。人間国宝。

＊＊＊『アイーダ』

ジュゼッペ・ヴェルディ作曲、1871年に初演。

……」と。全盛期の武智先生は全く知らなくて、つまり、地に落ちたときの武智先生からしか知らないわけですから、「僕は武智鉄二みたいになりたかった」と永六輔さんがおっしゃったのはびっくりでしたし、全然タイプの違う方のような気がしていましたので、大変意外に思ったことを覚えています。

そういうふうに武智先生に対して尊敬心をお持ちになった方は永さんだけではなく、私がその後でお会いした蜷川幸雄さんも、僕らの世代の武智鉄二は憧れの的でしたと、はっきりとおっしゃいました。蜷川さんと同時代のアングラの雄であった早稲田小劇場の鈴木忠志さんは、きちんと書物の中に、一時期の武智鉄二という人物は世界演劇の最高の水準で仕事をした唯一の日本人演出家だと書いていらっしゃいます。それがどんどん変なことになっていったというふうにも書いていらっしゃいます。

そのどんどん変なことになっていったという中にはいろいろなことがあるわけです。私が最も変だなと思ったのはヌード能と言われるもので、これは実際に見たわけではないですが、写真で見ました。ストリッパーに能面をつけて能役者と共演させるというもので、全裸で能面をつけているのですから、写真だけでも映画以上にわいせつな感じがしました。ちなみにこのときの演出助手は花登筐《はなとこばこ》さん。後に『細うで繁盛記』などで一世を風靡されたシナリオライターですが、この方が武智先生の助手をしておられた時代もあったようです。

こういう流れの中で、先ほど言いました当時わいせつ裁判で話題になった映画『黒い雪』、『白日夢』、『紅閨夢』という三部作の製作もありました。思えばそのころはポルノという言葉がまだなかったんですね。そういう意味で何もかも走りの方だったんだなという気がします。私が武智先生と知り合ってご一緒に仕事をするころには、また『白日夢』をリメイクされて、このときにホンバンのＳＥＸシーンを撮るというので最終的にホンバン監督というイメージで武智先生は亡くなられてしまったということは、私にとってはとても残念でならないというか、人間というのはわからないもんだな、と思ったところもあります。

ともあれ、私はそんなふうに人として武智鉄二先生に対してわりあい客観的にといいますか、世代的にどこか冷めて見ている部分もあったのですが、では、なぜ私がやっぱり自分の師はこの人しかないと思ったかということをこれからお話ししなければならないと思います。

武智先生の一言

私にとって決定的な先生の言葉が幾つかあります。一つは、私が先生の歌舞伎塾を手伝いながら、悩みに悩んだあげく、大学院の博士課程に進んで大学院の教員になる道は結局やめにした時のことです。なぜそうしたかというと、歌舞伎とか文楽というのはそもそも庶民の娯楽なわけで、庶民の娯楽を真面目に研究すること自体が変に感じられたのです。それと、もともと教員になることにちょっと抵抗があったというか、例えばアルバイトで学習塾の教師とかをしたこともありましたが、どうも私は教えることには向いていないなと思ったところもあります。

もう一つ、一番違和感があったのは、いわゆる象牙の塔と言われる世界の中のヒエラルキーですとか派閥的な動きも目につく人間関係です。何となくそういうことが見えてしまう。若いころですから、やっぱりそういうことに非常に抵抗を感じるので、内山先生が女性の研究者として大変に気を遣っていらっしゃることが見えてくると、いや、とてもこういう世界では自分はやっていけないなと思いまして、がらっと変えて、松竹という興行会社に行こうと思ったんです。今はそんなことないですが、そのころ興行会社というとかなりやくざなイメージがあったため、大学院から興行会社に行くとはとんでもないと学校内でもいろいろ物議を醸しまして、そういうことをいろいろ言われることが面倒くさくなっていたときに、武智先生にたまたま、松竹に行きますと私が言うと、なぜ大学に残らないのかと、私にとっては意外にも武智先生までがそうおっしゃいました。そのときに私は、いや、いろいろありますからと、とにかくいいかげんいろいろ言われるのがうんざりしていたので、すかした言い方をして、さっとかわしたんですね。そうしたら、その瞬間です。「松井さん、あなた、オーストラリアに行ったらいい。オーストラリア、あそこには文化というものが何もありませんよ」と言われたのが今でも強く心に刻まれています。そのときに私は一瞬にして、ああ、私が嫌だったのは、そういう「文化」そのものだったんだということに、はっと気がついたんです。

私は京都という古い町に育ちました。旧家とは言えないんですが、商売しているわりあい古い家に生まれますと、やはり周囲への気遣いとかを、子供のころから過剰に要求されることが当たり前の環境でした。それにうんざりして東京に出て来たわけですが、東京に出てきても、大学院みたいな狭いところに行くと、やっぱりそうしたことがあって、うんざりしていたんだなということに、オーストラリアに対してすごく失礼だとは思うんですが、武智先生の言葉で気づかされました。武智先生はオーストラリアに行っていらして、オーストラリアのとても魅力的なところをたくさん語られた上で、わざとそういうふうにおっしゃったのですが。世代的にも、そうした澱《おり》の積もった文化というもの、つまり、成熟しすぎた日本文化ときちんと向き合うことをなぜか疎ましいと思うようなところがあったのでしょうね。

私はちょうど還暦を過ぎたと申しましたけれども、もう少し上のいわゆる団塊世代も含めて、自国の文化に疎い人が多いように思います。例えば、フランス人でモリエールを知らないけれどもシェイクスピアを知っているという人はまずめったにいないと思いますが、日本だと、『ロミオとジュリエット』は知っているけれども、『曾根崎心中』*の主人公の二人の名前を言ってくださいといわれて、すっと言える人のほうが少ないんじゃないか。それが当たり前のような気がするぐらいに日本人は自国の文化に対して疎いところが、我々ぐらいの世代はあったように思います。

仮に知っていたとしても、それは自分とはあまり関係のない誰かがやってくれているものだという意識が強いのではないでしょうか。歌舞伎って昔からあるんでしょう、昔から決まった人が何かやってくれているんだよね、というふうな意識が非常に強い。自分とは直接に関係ない、誰かがやってくれているものだと。日本人が日本の文化をすばらしいですよねと語るときに、何かそういう人ごと感覚で言っているような感じがしてなりません。

自国の文化と本気で向き合うことの大変さを多くの人はネグっているというか、すり抜けているところがあるような気がします。例えば、若い人が地方にとどまらないでどんどん東京に出てくることの中にもそれがあるんだろうと私は思っています。その大きな理由は、一つは、日本におけるハイカルチャーはいつも他国から来ていたということ。ある時

*『曾根崎心中』

近松門左衛門作の世話物浄瑠璃（1703年初演）。はつと徳兵衛が曾根崎村の露天神の森で情死した事件を題材にしている。

代までは中国からでした。今は、それが欧米にかわっています。自分たちのハイカルチャーは絶えずよそからの借り物で、日本で生まれるのはサブカルチャーという、極東の島国であることのハンディのような面がどうしてもあって、インテリだけれども、インテリだからこそ近松**は知らないとかということが、日本人だと大いにあり得るのです。

一方で、それを守っている人たちもいます。この守る人たちは、何となく伝統文化を守るべく押しつけられた集団というイメージもあります。押しつけられたというか、代々それをよりどころにしてずっと生きてきた人たちもいるわけで、そういう人たちは、ある意味で特権化もされているし、その分閉鎖的で、かつ内部的な抑圧の激しい社会を構成している。結果、非常に風通しが悪くなっている感じのするのが日本の古典芸能の世界でした。最近はそういうこともなくなってきているように思いますが、ある時代まではとても閉鎖的な面が強かったように思います。

結局、武智先生は、そうした古典芸能を守る人たちの集団に対しての愛情があり、あるいは憐憫《れんびん》と言ったら失礼ですけれども、同情もありつつ、ありながら、あるからこそ、そういうものに次々とけんかを売っていった人生だったんだろうと思うのです。

私も京都出身ですから、日本文化の優れた面とその裏側の部分が織りなすところを、若くしてわりと見ているほうだったと思います。そういうのは何かうっとうしいなと思うと

**近松門左衛門（1653-1725年）
ちかまつ・もんざえもん　人形浄瑠璃・歌舞伎の作者。代表作『曽根崎心中』、『冥途の飛脚』、『国性爺合戦』、『心中天網島』など。

ころが、大学院はよそうと思ったときの私の中にあったのです。多分それは次のところに行っても同じようなことになるんだろうなあ、というくらいはさすがに私もわかっていました。その瞬間に武智先生に「オーストラリアに行けばいい」と言われたことは、ある種の救いでもあり、自分がある種の逃げを打っていることを一発ですぱんと見抜かれたなという気がして、私が武智先生をほんとうにこの人は侮《あなど》れないと思った瞬間でした。

『傾城仏の原』の台本化

武智先生とはそこでしばらくご縁が切れておりました。あるときに先生から突然電話がかかってきて、木下順二*先生のところに使いにいってほしいと言われました。私は『夕鶴』でもちろん木下先生を存じておりまして、『夕鶴』は小学生の学芸会でやったことがありました。小学生のころに名前を知っている人のところに会いにいくというのは、例えば、野球少年だった人が長島とか王のところに会いにいけるというのと同じぐらいの喜びだったわけで、行きます行きますと二つ返事で木下先生のところに行ったのです。

近松の『傾城仏の原《けいせいほとけのはら》』は、近松が浄瑠璃を書く以前に、元禄の名優である初代坂田藤十郎のために書き下ろした歌舞伎作品ですが、台本が残っておりません。台本が残っていな

*木下順二（1914-2006年）
きのした・じゅんじ　劇作家、評論家。著名な進歩的文化人であった。

いけれども狂言本というプログラムのあらすじみたいなものはあるので、それをもとに木下先生にきちんとした台本に書いていただきたいということをお願いするために私は使いにやられたのでした。先生にそれをいうと、僕はそんなことはやりませんよと、実にあっさりと断られました。それは当然だろうと当時の私ですら思いました。武智先生も「ああ、そうおっしゃるだろうと思っていたのよ」とおっしゃって、「だから、あなたに書いてもらおうと思っていたの」と言われて、「ええ！」と私は仰天しましたが、とにかく私が一応書いて、書いたものを木下先生に見ていただいて、木下先生がそれに現代語できちんと手を入れられる、それをもう一度私が見て古語に直す形で、なんとか台本をまとめました。

私は、当然のことながら、木下先生のゴーストライターのつもりだったのですが、木下先生が「これは松井さんが書いたんだから、松井さんの名前で出さなきゃだめだ」と強硬におっしゃられて、これでみんながあたふたとして、とにかく私の名前も入れることにしてということとの経緯を全て木下先生は岩波の『文学』の中に書いていらっしゃいます。木下先生はとても潔癖な方だったので、そんなふうに私の立場を尊重してくださったのです。

なぜ木下先生にその台本をどうしても頼まなくちゃならなかったかというと、現在の歌舞伎のせりふはおおむね七五調で成り立っていますが、実は昔の台本はそうでもないのです。なぜ七五調で成り立っているかというと、幕末に河竹黙阿弥**という有名な作者が現わ

**河竹黙阿弥（1816-1893年）

かわたけ・もくあみ　歌舞伎狂言作者。

れて、彼がもっぱら七五調の文体を駆使し、自作でもそうですが、台本を整理したときに、彼と彼の一門の手によってセリフ全体が七五調になっていくという傾向がありました。なぜそうしたのかというと、これはシェイクスピアの翻訳家として有名な松岡和子さんと話したときに、なるほど、と思い当たったのですが、シェイクスピアの場合も、Blank verseと呼ばれる韻を踏むんですけれども、それは何のためかというと、松岡さんは多分それは役者が覚えやすいためなんじゃないかとおっしゃるんです。

歌舞伎も、幕末になってくると、古い時代の歌舞伎に使われる言葉は同じ江戸時代でも古語になるわけです。役者が日常語と違った古語を覚えるのは結構大変なので、それを覚えやすいために七五調に整理したのだろうということが想像できます。歌舞伎は台本が七五調に整理されたおかげもあって、歌舞伎役者はほとんどのせりふを七五調で言うのが常態になったのです。

近松のころはあまり七五調ではありません。近松の言説というのが幾らか残っておりますが、その中で、近松はとにかく無用の「てにをは」をつけて七五調に整えることは、言葉づらがいやしくなるとはっきり述べているんです。これは私も文章を書く仕事をしていてよくわかります。文章を書いているとどうしても調子をとりたくなるんです。ところが、そうすると、さらさらとは読めるけれども、さらさら耳から耳へ流れてしまって頭に入ってこない文章にもなるのです。結局のところ、きれいに聞こえるということは、右から左にきれいに耳を素通りして内容が心に引っかからない。そういうことを近松は強く戒めたんですね。そんなふうに戒めた人の台本を復活する際に、その台本が七五調になっては困るわけです。

ところが、これが実際に現場で、それを私よりずっと年配の名優たちが読むときに、これは私が書いているということになると、そのころはまだ三〇代でしたから、完全になめられるわけで、いや、ここはこう変えたほうがいいやすいというふうにして、どんどん直されて、結局は七五調になってしまう。武智先生はそれを何としても避けたかった。そのためには、やはり文体というものに対して高い見識のある木下順二という劇作家の力を借りなくてはならなかったという事情があったと思います。

つまり木下先生を巻き込むという形でして、木下先生はとてもいい先生だったので、やはりそういうことも全ておわかりになって許されたのでしょう。

私との共同台本みたいな形で、木下順二脚本、松井今朝子補綴《ほてい》、武智鉄二演出と書かれたポスターとチラシができたときに、これは後世の人が見たら、木下順二と武智鉄二はわかるけれども、この真ん中にいる松井今朝子って何者なの？ってきっと思うに違いないという気がしました。そうして対等に扱っていただいたことを大変に私は今でも恩義に感じております。

武智先生の木下先生に対する態度は意外なほど謙虚なものでした。あるとき、それは銀座東急ホテルの喫茶室でしたが、「木下先生はほんとうの芸術家で、僕らはそのお手伝いをするようなつもりでいればいいのよ」と私に言われたのが非常に心に残っております。武智先生の中には芸術家に対する厳しい基準がありました。その厳しい基準の中には、ほんとうの意味でのオリジナルな表現力を身につけている人であることや、その人が人をほうとうに感動させられることなどがあります。人を感動させることのできない人は芸術家とは呼ばないというぐらいの厳しい規定でもありました。そういう意味では、ほんとうに芸術至上主義の時代の影響を強く受けられた方だと思います。今、さすがにそこまで突きつめて考える人はいないだろうし、むしろ売れたら勝ちみたいなところもあるような時代です。いわゆる経済万能時代ですから、どんなにひどい小説だろうが、どんなにひどい映画だろうが、とにかく当たればいいのよ、みたいな時代になってしまったので、武智先生の厳しさがわからないかもしれません。要するに先生は表現が一流であるかどうかということに対しての峻別をなさって、ご自身は決して一流の表現者ではないと認識なさっていたことが、右の言葉によってよくわかると思います。

私はそのときに武智先生に「僕ら」と言われて、「僕らはそのお手伝いをすればいいのよ」

と言われたことに大変感激しました。私は今、大したことないけれども、一応表現者の立場に立っているわけです。それでも、ほんとうに一流の人が表現をすることに、自分はお手伝いをする立場であるという謙虚さを失わずにいることを、私は武智先生に刷り込まれたようなところがありますし、このときには武智先生の仲間にしてもらえたという感動がやはりありました。

突然、跡継ぎに指名されて

そのことと相前後して、坂田藤十郎の前でいきなり武智先生が「これからこの人を僕の跡継ぎとして育てようと思うので、どうぞよろしくお願いします」って直立不動で頭を下げられたことがあって、そのときも私は心底びっくりしました。坂田藤十郎はたまたま私の遠縁に当たり、最初は武智先生が全くそのことを知らずに坂田藤十郎と私を会わせて、私たち二人はお互い「えっ」と固まってしまい、坂田藤十郎はすごくうろたえて、「この人、僕の親戚なんですよ。先生、親戚ですがな」って何度も言うんですが、先生はそれを全く無視していたような具合でした。

跡継ぎ云々の時はもう芝居がかっていると言っていいぐらいに、ほんとうに直立不動で深い角度で頭を下げて、なかなか頭を上げられない。坂田藤十郎がまたまたうろたえちゃって、「先生、とにかく頭を上げてください」といって、私の目を見るし、私のほうは「ええ！そんなこと全然聞いていないよお」と言いたいぐらいでした。

ところが、その跡継ぎ宣言があって以来、実際に演出助手の仕事が降ってきたのです。私は早稲田大学の演劇科におりましたが、早稲田の演劇科は当時基本的には実技を一切しませんでした。日大芸術学部の演劇科だと、役者は役者の、演出は演出の実技をやったりするらしいんですが、早稲田はいわゆるアカデミズム派なので、全く演劇の現場のことは教えてもらっていない。その私がいきなり演出助手をしろと言われて、現場で大道具方とかいろいろな人と会わされちゃうわけです。例えば、照明さんに「ここ、アンバーでいいですか」と言われても、そのアンバーというのが何の意味かわからない。アンバーというのは赤色の照明なんですが、それが何の意味かわからない。大道具さんが「ここの移動は引き枠を使っていいですね」。引き枠というのも何かわからない。引き枠というのは大きな道具の下に滑車をつけまして、それをごろごろ転がしていく可動装置のことを言うんですが、そういうことが全くわからないで、スタッフと打ち合わせをしなくちゃならない。知らないとも言えないので、はいはいと言って、帰宅したらぱっと演出用語辞書みたいなのを引いて、とにかく一生懸命勉強しながら何とか食らいついて私は芝居の現場におりました。武智先生の教え方は乱暴極まりないというか、水泳でいいますと、いきなりボートで沖まで連れていって、そこから泳げない人間を突然どんと海の中に突き落とす。そうしたら溺れちゃ大変だからとにかくじたばたしている、じたばたしているうちに何となく、じたばたしている手の動きが泳ぎのようになってくる、それでいいんだというぐらいの乱暴な教え方です。今の若い人だと、ちょっと考えられないでしょうね。今は、そういうことは言われていませんとか、そういうことはマニュアルがないとできませんという時代になっています。私のころでさえ、それはさすがに乱暴な教え方だったなと今にして思いますが、そんな指導を受けました。

私は高校演劇止まりで、学生劇団の経験もなかったのです。それがいきなりプロの芝居の現場、しかも歌舞伎という、制作費が何千万円もかかるような、芝居の現場にぶち込まれたのです。当然ながら、あらゆる行き違いが起こりました。例えば、大道具さんに「ここ、早く転換してくださいと先生が言っています」と伝えると、「いや、こんなに人数足りないんだからできないよ」と言われたら、私はそれはそうだよなと思ってしまうわけです。「人数が足りないからできないと言っています」と先生に言ったら、それこそ頭ごなしにばーんと怒られて、それこそ雷が落ちるというふうな怒鳴られ方をして、「向こうはいつだって必ずできないと言うんだ。それをそのまま聞いていてどうする！」となるのです。

「演出家は世界で一番自分が偉いと思わなきゃできないんだ」と言われました。確かにそうなんです。舞台は一つの世界というのはシェイクスピアのせりふにもありますが、一つの世界をつかさどる神のような気持ちでないとやっぱり演出はできないということを、先生は私に対して現場で叱りながら教えられたのでした。

あるとき、装置家に私の伝え方が悪かったために大道具の仕掛けが間違っていたことがありました。火を使う仕掛けであったために、それだと劇場は何日か前に必ず消防署に届けないといけないのですが、先生は激怒して、作り直しを命じられました。今から消防署に申請を出しても千秋楽一日しかできません。だから先生諦めましょうみたいなことをみんなが説得するんですが、先生はあくまで自分が言ったとおりにしろというのです。それこそ制作費でも大変な損害をもたらすのは承知の上で、ものすごく無理なことを先生はおっしゃるわけです。そういう横暴なことをわざと言って、私に演出家というものはどういうものなのか、どれだけ自分が言ったことの責任を持たなくちゃならないのかということを、こんこんと、ほんとうに肌身にしみてわからせるような、そういう指導だったんだなと後で思いました。

当時はまだ演劇の現場は女性が少なくて、それでも普通の芝居だったら女優さんがいますが、歌舞伎の現場は役者さんも全員男性だし、スタッフも全員男性でした。例えば、夜中まで稽古をやっていて、ふと気がつくと女性はこの中で私一人だわという状況に戸惑いつつ、私はその現場を務めておりました。女性一人なので、まだ若いころでしたから、現場でかわいがってもらえた部分もあったのですが、そういうふうにスタッフとなじんだりすることも先生は怒るのです。演出家たるもの、絶えずスタッフとの間に緊張感を保たなければならない、そんなになあなあでやっちゃいけないと、またがんがん怒られるわけです。

ほとほと私はくたびれまして、あるときに大失敗をしました。私が演出助手なのに現場を見ていなかったときに、舞台監督的な仕事をする狂言方という人たちがいるんですが、その人たちと役者との間に行き違いがあり、初日に役者が舞台でえらい大恥をかいたということで役者が激怒しまして、とにかく狂言方を呼んでこいみたいなことがあって、私は呼びに行くけれども、狂言方も狂言方で、日ごろ役者が横暴なことに怒っているから、絶対に行かないといって、私はその板挟みになって、ほんとうにあれは私の人生の中でも一番つらい時間帯だったんじゃないかと思うようなことがありました。とにかく翻弄されて消耗し切りました。歌舞伎の世界にある内部抑圧の強さを肌で実感したのはこのときでした。狂言方もかんかんになって怒っていたのですが、最後は役者の前にばっと土下座して謝る姿を見て、え！って驚いて、何なんだろう、これは。彼らは自分の言い分があったのに、役者の前に出るといきなりひざまずいちゃうとは、一体何なんだろうこの世界は。というようなことを思ったときに、歌舞伎というのはすばらしい演劇ではあるけれども、こういう世界をこのまま置いておく、このまま誰もそのことを見て見ない振りをするということはやはりどこかおかしい、日本人としてそのことは見過ごすことはできない問題なんだなと私は実感して、恐らく武智先生はそのこととずっと戦ってこられたんだなと感じました。

その次の日に、私はぐたぐたに疲れていましたが、とにかくまた劇場に行かなくてはならない。先生に「松井さん、昨日は青い顔していたね」と、わりと優しく声をかけていただいたんですが、私もいいかげん頭に来ていたものですから、「いや、別に何でもありません」と、またすかした言い方をしたら、いきなり「あんた！そんな余計な気を遣うから疲れるんだ！」と凄まじい剣幕、恐ろしいまでの大声で私は怒鳴りつけられました。そのときに何かはっとして、ああ、これがやっぱり私のある意味で日本人らしい限界だなと思ったことを覚えています。

いい意味では、和を以って貴しとなす、他人とあまり争わない、というのが日本文化の特質だと思いますし、それで日本の社会は成り立っているのだけれども、これがいろいろな意味で言わなくても察してくれるという察しの文化になる。これもある面ではいいことですが、一方で、それがすごい自己規制になって、内部抑圧にもなっていくという、その両面があることを、私は歌舞伎の現場で修行したことによって肌身に染みたような気がします。

今、私は時代小説を書いていますが、そうすると近世の演劇以外の文献もたくさん読むようになりました。例えば、お上のお触れ書きみたいなものに目に通して行くと、町人側が過剰反応をして、非常に自己規制的になっているようなことがいっぱいあるんですね。なるほど、これが江戸時代だったのだなと私はそういう古文書を読みながら実感するんです。これがある意味での日本文化の一つの特色だなと思います。そういうふうに思えるのも、やはり武智先生と過ごして、歌舞伎の現場を実際に自分の肌身にしみて知ったからだなと思っているところがあります。

武智鉄二から受け取ったこと

武智先生という方は、古典芸能が世間から見捨てられつつあった戦後という時代に、それと真っ向から向き合って、日本の古典芸能のすばらしさを誰よりも理解し、その一方で、その世界の閉鎖性とか、閉鎖性によって高まってくる内部抑圧からくるひずみを誰よりもご存じだった方だろうと思います。そのために、先生は古典芸能の世界にケンカを売るような形でいろいろなさったこともあったし、日本文化を正しく継承するためには、そうしたひずみがあることをわかった上で、それを是正できなくても、少なくともわかった上で、それを真っ向から受けとめておられたのではないかと思います。やはり、古典芸能のいい面だけ見て、それを他人事のように賞美としてはならないという考え方がおありだったような気がします。それはまさに、戦後という時代がもたらしたある種の健全性だったのではないかとも思います。

演劇というのはやっぱり人間関係のるつぼで、いい面でも悪い面でも、そこには人間関係しかないと言ってもいいような世界です。それは役者同士の関係でもありますし、役者とスタッフの関係でもありますし、役者とあるいは観客との関係でもあります。そこには人間しかいないわけです。人間だけがかかわる一つの世界、だから、人間関係のいろいろなことがそこには凝縮され、濃密に、そこにコンパクトに閉じ込められているような世界なのです。私はそういう演劇の現場に一〇年以上身を置いて、武智先生の死後も何とか頑張って、武智先生に倣って、要するに上手なケンカのやり方をすることが演劇の現場の過ごし方だということに気づいて、これは蜷川さんにも話して、賛同をもらえたんですが、やっぱり役者とうまくケンカして、役者がこれだけの言い分を言ってきたら、それの半分ぐらいは聞いて、でも、こっちも半分ぐらいは押しつけるみたいな、そういうやりとりをしながら少しずつ調整をしていく。頭ごなしに言っても役者が現場でやってくれなければ何にもならないわけですから、自分のイメージをなるたけ現場でその通りにやってもらうように、役者にそういう気持ちにさせることが非常に重要な仕事だということを武智先生から教わって、私は頑張って一〇年ぐらいはやりました。しかし、さすがに、もともとそんなに外交的なタイプではなかったものですから、すっかり疲れ果ててしまい、ある時期その反動で非常に自閉的になりました。そして今は小説を書くという、自分の中に閉じこもる仕事をしています。それでも日本文化というものはどういうものなのかということや、日本文化を生んだ社会的な背景はどうだったかということは、どんな小説を書くときにも必ず考えています。そのことはやはり武智鉄二という人物に出会ったおかげでしょう。武智先生が日本文化とは何なのかという問題を先生なりに私に伝えてくださったので、私もそれに対する答えをどこかで見つけたいなと思いながら、今、小説を書いております。

粋な文人学者・西山松之助

西山松之助
にしやま・まつのすけ
一九一二―二〇一二年。歴史学者。東京文理科大学卒業。東京教育大学名誉教授。

竹内　誠
たけうち・まこと
一九三三年生まれ。歴史学者。東京教育大学卒業。東京学芸大学教授等を経て、現在、江戸東京博物館館長。

先生の生い立ち

私の恩師であります東京教育大学名誉教授の西山松之助先生につきまして、私とのかかわりが中心ですが、先生の生き方、そして私どもがそれから学ぶものは何か、といったようなことを考えるために、先生の人生のごく一部をお話しさせていただきたいと思います。

西山先生は、明治四五（一九一二）年六月二八日のお生まれです。翌月の七月三〇日には明治天皇が亡くなられ、明治から大正へと年号が変わります。計算しますと、先生は三三日間明治の空気を吸ったということです。私は、ちょっと皮肉っぽく、「明治といってもほんのちょっとですね」と言いましたところ、「何を言っているんだ、今、明治の息を吸った人はそんなにいないだろう」と言って、明治生まれということを、非常に誇りに思われていました。すぐに大正の時代になるんですが、わずか三三日間の明治であっても西山先生にとっては非常に大事だったようです。いろいろなお話を聞いていると、特に先生の祖父母の影響が大きく、さらに父母の影響もあって、一番の骨格のところで、明治時代の気骨といいますか、明治人という意識を植えつけられたようです。しかも、「明治、大正、昭和、平成と四代に亙って生きてきた」ことがご自慢でした。その一番最初の明治という時代の、明治人の気骨というものを、私はしばしば先生から感じるところがありました。

お生まれは兵庫県赤穂郡有年村《うね》です。村となっていますが、有年宿という宿場町です。かつて、教え子たちが、先生の幼いころの聞き書きをし、『しぶらの里』*という本を出しました。宿場民俗誌です。これを見ますと、宿場町ですから、人の行き交いと物資の行き交いがあり、決して井の中の蛙《かわず》ではなくて、芸事でも何でも、文化的ないろいろなものがどんどん外から入ってくるところでした。この生まれた場所も、人間形成に一つ大きな意味を持ったように思います。

「しぶら」とは、ヒガンバナのことで、曼珠沙華《まんじゅしゃげ》ともいいます。お盆の花で、季節になると村の千種川の川べりに、ぱーっと燃えるような赤い花を咲かせました。それが先生にとって印象的だったようなんですね。ですから自分のふるさとを、しぶらの里っていうふうに言ったのです。私が頂戴しました本の開いたところに、先生が「にがかりき遙かなる日の曼珠沙華」と直接墨書してくださいました。当初は全然その意味がわからないままでしたが、曼珠沙華の茎をちょっとなめると苦いという話を誰かから聞いたことがあります。そこで先生はふるさとの少年時代の、何というか、ほろ苦さと「しぶら」を重ねているのではないかと。東京へ出てきて、年月を経て、ふっと赤穂のほうの空を見て、その「にがかりき遙かなる日の曼珠沙華」という句をお詠みになったのではないかと思いあたりまし

＊『しぶらの里―宿場町民俗誌』
吉川弘文館、1982年刊。

た。

千種川にはアユがいて、先生は川の中に潜ってそれをつかんでとる名人だったとおっしゃっていました。また、非常に運動神経のいい先生でしたから、山野を跋渉して、おじいさん、おばあさんやなんかから、絶えず花や草や木の名前を教わっていたそうです。田の草取りをやったときも、先生は雑草って言わない。全部名前があるわけですから。

文京区の小日向のご自宅から歩いて一五分弱で東京教育大学に着くんですが、後に、私が先生のもとで勉強するようになったときに、しばしば私は、朝早く、頼まれたものを持って先生のお宅へ行って、ご一緒に大学へ通うというようなことがよくありました。その道筋でも、もう目につくものがあると、花の名前を言って、私に何度も教えてくださいました。「ああ、きれいになった。フヨウの花が」とか、もう、目に入るとすぐにおっしゃるんです。自然を愛し、自然とともにということが先生の基本にあったのだと思います。花を愛するというのは日本人の特性ですが、その特性を最も身につけた方だったと思います。

先生のおばあさんはおそらく江戸時代人でしょうが、いろいろなことを教わったんですね。その中の一つに、「炒《い》り豆にも芽を出すことがある」というのがあります。本来、炒ったら、もう水分がないし、芽が出てくるということは、常識的にはあり得ない。その常識的にあり得ないことも、可能性がないわけじゃないという意味です。何事も諦めたらあかん、最後までやり通しなさいというおばあさんの教えです。先生から何度もそれは言われています。私、それを炒り豆人生と言うんです。なるほど先生の行動を見ていると、炒り豆なんです。不可能じゃないかと思うのを、「やってみなきゃわからないじゃないか」って、必ずおっしゃるんです。それでやってみて、ほんとう言うとだめな場合が多いんです。でも、何かさばさばしてらっしゃる。やっぱりだめだったかって言うだけなんですが。後にお話ししますが、いろいろな場面で炒り豆が出てきます。初志貫徹というか、こうと思ったら、無理でしょうと言っても、徹底的にそれをやってみる、やってみなきゃわからんだろ精神です。

こういう環境の中で育って、いわゆる明治の気質という骨格がまずでき上がったかと思います。小学校から高等小学校、そして姫路の師範学校に進学します。師範学校の校長先生は、その姫路師範の初代校長として招かれた野口援太郎*という人だそうです。高等師範学校の助教授だった方で、姫路師範の校長を引き受けて来られた。この野口援太郎校長は、何事も生徒にやらせるんですよ。校歌もみんなでつくろうと言って、生徒から募集したりしてやっていく。それから、理想の教師像なんていうのが、よく講堂なんかに掲げられてありますが、それも生徒との共同でつくり上げていくというタイプの方だったんですね。自主的に生徒がやることが一番いいんだというお考えの持ち主でした。この当時、姫路師

*野口援太郎（1868-1941年）
のぐち・えんたろう　教育者。姫路師範の初代校長。1923年教育の世紀社を創設、翌年東京池袋に児童の村小学校を創立。

範は東洋のイートンと言われたそうです。西山先生が卒業するのは昭和七年ですが、まさにこれは大正デモクラシー。つまり軍国主義が時代を覆ってしまう少し前、大正から昭和の初めころは、まだそういう自由な雰囲気を持っていた時代で、その大正デモクラシーの気風を持った教育者と出会ったのです。

野口先生への思い出話で、それを物語る典型的なことがありました。軍事教練が教科として導入されて軍人が配属されてくるのですが、野口先生は、戦争の勉強なんかしなくたっていい、私どもの学校には軍人さんは要りませんと拒否しました。やがて文部省からお偉方がやってきて、説得にかかったそうですが、頑として聞き入れず、とうとうクビになって、校長をやめさせられたそうです。そういう先生に、西山先生は教わったのです。

私どもが見ていて西山先生はわりあい自由人でしたから、この姫路師範時代も先生の人間形成の上で大きな影響があったと思います。生涯、名誉職を望みませんでした。大学でも仕方なし短期間、役職に就かれたことはありましたが、決して役職にこだわることはありませんでした。常に自分が思ったことは率直に主張するという方でした。

これは聞いた話なので真偽のほどは定かでありませんが、芸術院か何かの会員を推せんする委員になられた際に、原案が出てきますとだいたい結構ですというのが、まあ普通なんですが、先生は何が気に入らなかったのか、猛然と反発されて、こういう人は資格はないという演説をぶっちゃって、事実、その方はそのときはならなかったんじゃないかと思うんです。黙っていれば、先生もその筋の何かになられたはずなんですが、全然自分のことは考えないで、主張したという逸話が伝えられています。自由人西山松之助の面目躍如たるものがあります。

大正デモクラシー

これは、まさに大正デモクラシーだと思います。大正時代に関しては、とかく研究が少ないんです。明治も昭和も威張っちゃって、そのはざまに入った大正という時代について、デモクラシーの発展という点で非常に大きな画期であるにもかかわらず、時代の分析がまだまだ足りないんじゃないかと、私は思っております。

例えば、歴史学で言いますと、大正時代に刊行された『田沼時代』*という本があるんです。これは、東大での授業の講義録をそのまま本にしたものです。著者は辻善之助**さんという専門は仏教史とか対外交渉史の先生です。昔の大学の先生は、ものすごく研究の幅が広くて、しかもみんな奥が深い。辻善之助『田沼時代』は幕政史ですが、今でも生きている非常にすばらしい名著だと思います。

*『田沼時代』
日本学術普及会、1936年刊。のちに、岩波書店（岩波文庫）、1980年刊。

**辻善之助（1877-1955年）
つじ・ぜんのすけ　歴史学者。東京帝国大学名誉教授。文学博士。専門は日本仏教史。

一般に田沼時代はよくない時代だったと考えられていますね。確かに、田沼時代には賄賂が横行したという面はあったという前提つきですが、辻さんは、この田沼意次《おきつぐ》の政治と時代について、悪いところだけではなく旧来の先例を気にしないという点で、新しい時代の幕開けを示していると論じました。またこの時代、百姓一揆がたくさん起きたということを、民意が伸長したと捉えます。ここに大正デモクラシーの影響を感じとることができます。百姓一揆は、政権側にとっては厄介な話ですが、民衆から見れば、百姓一揆が多くなったというのは、次の時代への幕開けではないかというようなことで、田沼意次及びその時代を近代への光が差し始めた時代というふうに分析されたんですね。それを、私どもも引き継いで研究しているわけで、そういう立派な本が大正時代には出ました。

それから、九鬼周造*という哲学者の『「いき」の構造**』という名著。これは昭和五年に出ました。だから大正デモクラシーじゃないんじゃないかという方がおられるかもしれませんが、実は大正時代に、パリのソルボンヌ大学に留学していまして、そこで粋の研究をして、フランス語で論文を提出しているんです。帰国後、それを日本語に直して『「いき」の構造』として出版したわけで、もとは大正時代に発表されています。

粋というのはとても難しくて、今だって、そう簡単に説明できる人はいないんですが、「粋とは垢抜けして張りのある色っぽさ」と定義しました。彼は、哲学者ですが、非常にわ

*九鬼周造（1888-1941年）
くき・しゅうぞう　哲学者。京都大学教授。東京帝国大学文科大学哲学科卒業後、ヨーロッパ諸国へ足かけ8年間も留学。

**『「いき」の構造』
岩波書店、1930年刊。のちに、岩波書店（岩波文庫）、1979年刊。

かりやすく、どういうのが粋なのかというのを具体的に分析しています。いわゆる人の表情とか動作、つまり手をこうちょっとしならせるとか、髪だったら、ぴかぴかにポマードつけるんじゃなくて、洗い髪の、少しほつれ毛があるようなとか、真正面はよくなくて、ちょっと斜めにしたほうがいいとか、実に具体例が詳しいんです。粋な色はというと、灰色系と青色系と茶系の三つの系統で、ほかの色はやぼであるというようなことを、懇々と書いています。じゃあ模様はというと、幾何模様において粋であると。だから、大きな円模様は、やぼだというんですね。そうすると、縞模様が粋なんですね。いわゆる大きな円というと、唐草模様があります。私なんか古いですから、昔、東京ぼん太が舞台であの唐草模様の布団地《ふとんじ》の包みをしょって出てくると、やぼだと感じる。美意識の違いみたいなものを見るわけですね。そういう細かな分析が『「いき」の構造』にはあり、やはり自由の中で生まれてくる発想だと思うんです。ですから、大正時代には、今日でも通じるような貴重な成果がたくさん出ています。そういう点で、西山先生は、しっかりとその息を吸い、体現されていたと思っております。

上京、宗活老師に弟子入り

こうして、成長なさって、東京高等師範学校に入学して東京へ出て参ります。当時、西山青年は精神的な何かの道を求めておられたようなんですね。当時、いろいろなところへ訪ねて行かれたそうです。例えて言うと、河村理助という人が主宰する精進道《しょうじんどう》というグループがあり、そこへ行っていろいろ話を聞いたそうです。あるいは、明治神宮には、行《ぎょう》の会というのがあって、そこへ毎朝行って冬でも水をかぶっていたそうです。

やがて、先輩から、「それなら君、宗活老師*のところへ行ったらどうだ」と言われて、その先輩に連れられて宗活老師のところに訪ねて行きました。宗活老師は千葉の臨済宗の僧で、円覚寺で修行なさった方です。そして、禅の公案といいますか、そういうことを聞いたそうであります。そこで、一気に宗活老師にのめり込み、師事したいという気持ちが強くなります。その意気込みたるやすごいものでして、血判を捺《お》して、ぜひあなたの弟子にしてもらいたいという嘆願書を書いたのです。老師が、血判までしての覚悟ならよかろうと言って、入門を許されたそうです。それが昭和一〇年のことであります。それから五年間、初めは通っていましたが、途中から老師のもとに住み込んじゃったんですね。そして

*釈宗活（1871-1954年）

しゃく・そうかつ　僧侶。1901年に鎌倉円覚寺・初代管長今北洪川が東京に創立した禅会「両忘会」を再興した。

毎日、禅修行に努めた五年間だったそうであります。で、「蔵雲」という号をもらっております。この蔵雲という道号を随分大事になさっていまして、ご自身の書や絵に蔵雲という印を捺されておりました。戒名も蔵雲居士となっております。

宗活老師の道場で座禅生活をおくるわけですが、この宗活老師という人が、ちょっと桁外れの方のようなんですね。とにかく、書はうまい、絵はうまい、それから彫刻もうまい。とくに鎌倉彫の名手だったそうであります。そういう卓越したものを持っている。その上に、はべっている方を侍者といいますけれども、侍者に恵直さんという女性がおられて、その方が、河東節の大変な名手であって、また歌舞伎に詳しいんです。宗活老師も、禅師をやりながら、歌舞伎が大好きで、みずから三味線も弾くんです。昼間は修行、夜になると、弾き語りで河東節をうたうとか、そういうことを道場でやるわけです。奥さんだったかどうかはわかりませんが、恵直さんとの交流の中で、禅と芸とが一体になるような、普通の禅僧では考えられないような方だったようです。結局、宗活老師によって、禅と芸が一体化されていて、そこのもとで修行したものですから、西山先生にとってはごく自然に、学問と芸は一体化しているわけです。本人は同じことをやっているつもりなんです。学問的なものと、そのお遊びって言っちゃ変ですけれども、芸能的なものと。先生は、宗活老師を生涯の師とされました。侍者の恵直さんは、河東節の名手で有名な山彦不二子さんと

**河東節

かとうぶし　浄瑠璃の一種。また古曲の一つ。

いう方です。

歌舞伎研究会、伝統芸術の会

これまでが大体、先生の、学問に入るまでの道筋です。戦後、新制大学になって、高等師範学校は文理科大学と合併して東京教育大学になり、先生は、高等師範学校教授から東京教育大学助教授になりました。私はまだその大学に入っていません。私は昭和二八年に入学ですから。

西山先生は戦後、大学生相手に、歌舞伎研究会というものを結成するんですね。何やるのかといったら、ほんとうに歌舞伎をやるんです。戦後のかなり混乱していて、食料もあまり十分でないような、お風呂屋さんも何日か置きに営業するような、まだそういう混乱期に、歌舞伎研究会というのを起こして、学生にやらせるわけですよ。私の二年先輩の今田洋三さんなんかも、「一谷嫩軍記《いちのたにふたばぐんき》」だとか、あるいは「鳴神」の鳴神上人なんかもやっているわけです。じゃあ、先生が指導したかというと、そうじゃないんです。歌舞伎役者を呼んでくるんです。後の富十郎さんにも、若かりしころ来ていただいて、実際にいろいろな実演指導をしてもらうんです。いい時代で、お米を用意して、御飯を差し上げるって

＊南博（1914-2001年）
みなみ・ひろし　社会心理学者。日本女子大学教授、一橋大学教授、成城大学教授を歴任。

＊＊郡司正勝（1913-1998年）
ぐんじ・まさかつ　歌舞伎研究家、演劇評論家。早稲田大学名誉教授。

いうのと、お風呂をたいておくって、ドラム缶だったそうですが、そうすると、役者さん、来てくださるっていうんですよ。ほとんどボランティアで。歌舞伎なんて、戦後、潰《つぶ》れちゃうかもしれないと、もう非常に心配している時代に、そんなに熱心ならばというので、大学の学生さんに教えに来てくださったというんですね。私が大学に入ったころは、ちょうどそういうことはもうやめた時でした。先輩たちは、みんなその洗礼を受けているわけです。だから、これが大学でやることかって、周りの大学教授は、あるいは思ったかもしれませんが、先生はそういう、実践派なんです。西山先生の卒業論文は鶴屋南北の研究ですが、やはり机上の分析だけでなく、実践してみなきゃわからないじゃないかという実践派で、学生を指導していかれたわけです。

戦後、歌舞伎の世界でも革新運動がありました。能、狂言でも、戦後、没落していくそういう伝統芸能を何とかしなきゃいかんという人々が集まった「伝統芸術の会」というのがありました。当時、一橋大学の教授だった南博*という社会学者が会長で、世話人の主要メンバーに西山松之助先生と、歌舞伎では郡司正勝**先生がおられました。ほかに、近松の研究では廣末保***さん、武智歌舞伎と言われた実際に演劇をやる武智鉄二さん、『夕鶴』で有名な木下順二さん、それから観世寿夫****さん。それで研究会を毎月一回ずつ開いて、そして

***廣末保（1919-1993年）
ひろすえ・たもつ　近世文学研究者、演劇評論家。

****観世寿夫（1925-1978年）
かんぜ・ひさお　観世流の能楽シテ方。

役者さんや研究者を呼んできては、いろいろそれについて話し合いをするという、そういう会です。又五郎さんとか、山本安英さん、そういう方もメンバーとして入っておられました。当時、女子大生だった有吉佐和子さんも参加されていました。

家元の研究で先生のお手伝い

そういうネットワークもあっての上で、さあ、いよいよ先生の学問研究が始まるんです。先生によると、こうなんです。ちょうど先生が研究を始めたころに、戦後衰えてしまってだめだと思っていた家元制度があらゆる文化ジャンルで復活して、お茶の家元は繁栄する、お花は新流派として勅使河原蒼風《てしがわらそうふう》さんとか、そういう新しい流派も生まれてやはり家元になっていく。家元が再生産されていくというので、一体これは何者なんだろうという疑問を持たれた。それで、家元を研究することが、伝統文化を研究することになり、日本文化を研究することになるんだと。先ほどの伝統芸術の会や、東洋音楽学会や、民話の会とか、いろいろな会の中で勉強なさってきて、これだと確信したわけです。もちろん机の上でも随分勉強なさっておりますが、できるだけ家元と名のつくお宅へ行って、直接聞き書きをし、お持ちの資料を見せていただくということが大事というふうに考えました。

さあ、そうなると、家元って名のつくのはものすごく多いっていうことがわかった。その話を産経新聞の文化部担当の多田さんという記者にしたら、夕刊に毎週連載してくださいということになり、昭和三一年に「家元ものがたり」の連載を始めます。もちろん、基本的な家元、お茶、お花、それから香道、邦楽などは皆とりあげます。先生の場合、おもしろいのは、太神楽《だいかぐら》の家元とか、鷹匠の何とか流っていうタカを飼育する流派、水泳の水府流とか、何とか流、独楽《こま》回しだって、伝承されてきて家元を名乗っているのをとりあげるわけです。そういうふうに、どんどん広げていったから、しかも毎週連載ですから、もうとっても先生一人じゃ身がもたないということになった。その折、ちょうど暇そうにしていた学生が私だったわけです。「竹内、ちょっと手伝ってくれ」というのが、声をかけていただいたそもそもです。で、お家元のうちに、西山先生のかばん持ちで行きます。先生がお家元にいろいろな質問をなさるのを、全部メモに書きとめ、うちに帰ったら、その日のうちにとにかく整理して、翌朝早く先生のお宅へそれを持っていくという仕事なんです。ですから、先生の家に朝八時前に行って、先生とご一緒に、教育大学に出かけるということが多かったんです。

先生のお手伝いをしているうちに、だんだん私も欲が出てきて、じゃあ、例えば、鷹匠の方のお話を聞いたいのなら、江戸時代の鷹匠の古文書や資料を収集して、先生にお見せするといいなとか、一般に読む人のためには、何か話の中に川柳《せんりゅう》があったほうがいいなっていうので、川柳の本を引っ張り出してきては、見る、江戸の随筆の中におもしろい逸話があったら、それを先生にお伝えしようというようなことを考えるようになりました。先生から言われたわけじゃないんですが、神田の古書店へ行き『日本随筆大成』というのを買ってきました。ずっと後に、ほかの出版社から再刊されておりますが、私が買ったのは戦前のものです。『日本随筆大成』を読むのは、先生のためと初めは思っていましたが、自分の論文に使うということも、その流れの中から自然に出ました。そのころの研究者はみんな、ほんとうの一次資料しか使いませんから、竹内はおかしいと、あいつは学問と言って二次、三次資料の随筆なんか使っている、こんなのは論文じゃないという人がいました。今、不思議なことに、みんな使っていますね。人間の考え方とか、文化というか、膨らみみたいなものは随筆を読むことによって得られることが多い。いくら古文書であっても、追えないものがあります。そういう点で、西山先生から、いろいろなことを勉強させてもらいました。

先ほどお話しした南博さんが会長の伝統芸術の会は、月報を出していました。私は書記役を命ぜられ、講師の先生の話を書き取って、これをまとめると、猿若町の藤波小道具店の藤波隆夫さんの所へ持参すると、隆夫さんはこれをガリ版で切る役でした。毎号、毎月出すお手伝いをさせてもらいました。家元の問題点というのを、西山先生がお話になって、私がそれを速記したのも『伝統芸術』の六六号に載っています。この書記をしていたということも、私にとっては、文化史研究のありがたい勉強の期間だというふうに思っております。

で、『家元ものがたり』*という本が出版されました。先生にとって家元研究の現地ルポです。私はさまざまな経験をさせていただきました。

例えば、志野流という香道の家元、蜂谷宗由さんに会いに名古屋に先生と一緒に行きまして、お話をお聞きしました。そして、今度、東京の四谷でお弟子さんに教える機会があるので、ぜひその会に出てくださいというので、先生と私が参加しました。そして源氏香というのを遊びました。まことに優雅な遊びなんです。順番に五種類の香を嗅《か》ぐんです。ただし香道は嗅ぐといわず、上品に「聞く」といいます。聞香《もんこう》です。次が来て、前と違えば紙に棒線を二本だけ、また三番目が来て、もし一番目と同じ香りだとしたら一番目の棒線と三番目の棒線をつなぎ合わせます。で、五つそろえる。この順列組み合わせが五四通り。源氏五四帖に因《ちな》んで「源氏香」というんです。その組み合わせで名前が全部決まっているんですね。私は、みごとに外れました。脇にすずりと短冊が置いてあるんです。何をするのかなと思ったら、自分の棒でマークができたのを、これは「柏木」だとか「横

*『家元ものがたり』
産業経済新聞社、1956年刊。のちに、中央公論社(中公文庫)、1976年刊。

笛」だとか、さらさらと短冊に書いて出すのです。だから、香を聞くだけでない、もっと別の深い日本の古典を知っていないと遊べない。これが日本の伝統文化なんでしょうね。でも、源氏香というのは、よくよく考えたら、どこかのポマード屋さんの商品のマークなんですね。宣伝になっちゃうからこれ以上言いませんけれども。やはり、江戸時代以来の化粧品屋さんですから、江戸時代のそういう優雅なデザインが現在にまで生きているんです。

もう一つ事例を挙げますと、荻江露友という、荻江節*のお家元のところへも行きました。鎌倉の立派なお宅でした。玄関からお宅までが大変な距離がありました。表札に前田って書いてありました。前田青邨という日本画の大家の奥様だったんですね。いろいろお話をうかがったあとで、実際に演じてくださった。これがまあ、芸というものですね。私はまだ二〇歳そこそこでしたから、お家元は一定の年配の方と感じていたんですが、実際に荻江節をうたわれたら、もうその声といい顔といい、全てが一〇歳、二〇歳、ぱーっと若返り、すっごく艶っぽくなる。芸というものには、もうびっくりしました。

これは、お家元として訪ねたのではありませんが、武原はんさんの舞台を見たときも、同じ印象を受けました。舞い出したときに、しゃきっとして、そして非常に艶っぽく舞われる。年齢というのは、全然感じさせないのです。そういうことを西山先生に、ただで教えてもらった。私は初めのうちはお手伝いという意識を持っていたんですが、あれ、これ

＊荻江節
おぎえぶし　長唄を母体として発達してきた三味線音楽の一種。

自分の勉強のためなんだっていうふうにだんだん感じるようになりました。

結局、家元の研究で何を先生は明らかにしたのかというと、それまでは家元と家元制度というのをごちゃごちゃに考えている方が多かったのですが、先生は、家元と家元制度は違うということを明確にしました。

単なる家元は、家元が完全相伝といいまして、弟子にいわゆる相伝権、免許権を皆伝してしまいます。そして免許皆伝を受けた弟子が次の家元になります。その弟子がまた次の家元となり、何代目家元ってつながっていきますが、家元制度にはならないということです。

例えば、何とか流という武道の流派があって、家元と称する人がいたとします。で、育てた弟子の中に実際に勝負をして自分を負かしたというふうになると、おまえは完全に俺の技を体得したから免許皆伝と言って、全部渡してしまう。そうすると、勝負に勝った弟子が家元になるわけです。で、またその次の人と。だからこういう勝負の決着のつくのは、家元としていつまでもいられるものではないので、家元制度にならないのです。

じゃあ、家元制度というのは何か。これは不完全相伝といいます。つまり、家元が免許相伝権を弟子たちに完全には渡さずに自分で持っているということが、家元制度を制度たらしめる理由なんです。

江戸時代の中期以降に、芸能に携わる人口が増えてきます。その結果、家元と膨大になってきた末端弟子との間を取り次ぐ名取というのが生じてきます。免許権は、家元が持っております。名取は、自分たちの弟子に、免許を与えることはできず仲介役になります。だから、お弟子さんに、ここまで修行したから、お家元から初伝いただいたらと言って、家元に申告するわけです。すると家元のほうから、よしと言って初伝が来ます。それを名取から弟子に渡すということです。中伝というのもあるでしょうし、この渡す伝は八段階のもあれば、一番多いのは三十何段階もあるそうですが、そういう免許の仕方をするわけです。だから、手数料なり、あるいは稽古料とか、そういうことで名取の生活が可能になっていくわけです。こういうピラミッド型が、家元制度なんです。

西山先生の教育

先生は家元の研究をまとめられた後は、本来の歌舞伎の研究をお進めになり、『市川団十郎』*という本を著わす。それから、江戸文化には吉原が必要だというので、『くるわ』**という本をお書きになりました。要するに家元の研究から発展して江戸文化の基礎的なものを、どんどんと、追究していかれました。

やがて、先生は文化を創造するつくり手も大事だが、やはり一番重要なのは、そういう

*『市川団十郎』
吉川弘文館（人物叢書）、1960年刊。

**『くるわ』
至文堂（日本文学新書）、1963年刊。

文化を担う受け手ではないかと考えられました。江戸文化の場合、これは町人だろうと。町人と言うと格好いいですが、職人さんとか、小さな商人の棒手振《ぼてふ》りとか、そういう人たちを含みます。あるいは文化活動に熱心だった町人化した武士階層へも視野をひろげた意味での町人です。江戸文化を享受して支えていた町人の研究をしなくてはだめだということに気がつき、昭和四一年に、江戸町人研究会というのを結成しました。先生ご自身がお書きになった年表には、「芳賀登、竹内誠、宮田登、林玲子、北原進、今田洋三、池上彰彦、土肥鑑高、比留間尚らの若き俊秀と江戸町人研究会を結成」と書いてあります。ここが先生の上手なところです。私なんか、凡才です。それが「若き俊秀」と、こう言われますと、えっ、そうなのって、みんな何となくその気になって、ああ勉強しなきゃいけないなっていうことになるんですね。先生は教え子をほめるのがたいへん上手な方なんです。それで、この町人研究会で、みんな毎月、毎月、ああでもない、こうでもないと言って、勉強を始めました。要するに「江戸学」というものを、ここからつくっていかなきゃいかんということなんです。

この江戸町人研究会からどんどん人材が育っていきました。最終的には全員が大学の先生になりました。

林屋辰三郎***という京都の有名な文化史の大先生がおられます。林屋、西山の両雄とも、

***林屋辰三郎（1914-1998年）

はやしや・たつさぶろう　歴史学者・文化史家。立命館大学教授、京都大学教授、国立京都博物館館長を歴任。

東西の文化史研究の総帥だと言われていた時代ですが、あるとき、林屋先生が「西山さんにどうしても勝てないところがある」と私におっしゃいました。「なぜですか」とお聞きしたところ、「西山さんは弟子を育てたが、自分は育てられなかった」というんです。もちろん、林屋先生の謙遜で、立派なお弟子さんがたくさんおられます。けれども、おそらく数の上では西山先生の弟子が多く伸びていって研究職として活躍しているということを林屋先生はおっしゃったのでしょう。

確かにそういう面がありました。西山先生みずからも、「私は何冊、本を書いても、それほど誇りには思わない。一人でも多くの立派な人材を育て、そして、その人たちが社会で活躍してくれることのほうが、教育者として、最も誇りとする宝である」と。教え子が宝であるというふうにおっしゃっています。学者であると同時に、立派な教育者でもありました。

先生はほめ上手だと先程申しましたが、実際はすごく怖い先生でして、勉強のときはほんとうに恐ろしいぐらいきびしい先生です。妥協を許しません。病気になったって言うと、おまえ気が弛《たる》んでる、弛んでるから病気になったんだって、叱られます。目のぐあいが悪くてなんて言ったって、そんな言い訳は聞かず明日までに原稿一〇枚を持ってこいって言って、教え子はもうみんな泣いていました。しかし、研究会が終わった後、とりあえず教育大の研究室から出てきますと、「例の所へ行こうか」なんて言うんですね。行こうかっていうところはどこかって言えば、小料理屋さんです。新宿や池袋に常店というのか、幾つも行くところがありました。我々ではとても飲みに行けない洒落《しゃれ》た店です。新宿のお店は、まあ芸者さんって言うと大げさですけれども、芸の上手な女性方が我々をもてなしてくれる日本料理屋でした。そして、しょげ返っている教え子たちを元気づけるというアフターケアを、先生のお金で全部やってくださるわけです。我々は、何回行ってもお金を払った記憶がないですから。そういう先生でした。

行くともう、歌舞伎や邦楽なんでもござれですから、興に乗りますと、助六から、弁慶から、全部せりふをおっしゃるわけです。また、見得《みえ》まで切っちゃうんです。それから踊りが、ものすごく上手なんです。先生は性根《しょうね》も据わっていると思ったけれども、本物の腰も大きくてしっかりと据わっているんです。ですから踊りをした際に、しなやかに動いているんですが、腰の位置がぴしっと決まって動かない。これは踊りの基本でしょう。琉球舞踊の名取号もお持ちでした。

こんな話をしていいのかわかりませんが、普通、芸者さんと遊ぶときは、芸者さんが我々を遊ばせてくれますね。でも、粋な芸者遊びになりますと、客のほうが芸者さんを楽しませるんです。江戸時代も、大旦那衆となれば、そういう遊びをしました。それで、先生も、芸者さんを喜ばしちゃうんですよ。皆さんもよくご存知の「どじょうすくい」。先生は名人ですよ。「あらえっさっさー」って始まるんです。芸者さんのほうがやんや、やんやですね。まあ、ほんとうによく遊んでいました。

都々逸《どどいつ》も教えてもらいましてね。今でも、この句だけは肝に銘じています。その句は、「思い出すよじゃ　惚れよがうすい　思い出さずに　忘れずに」というので、これがほんとうの男女関係と、こう言うんですよ。つまり、ほんとうに相手が好きだったらばというのが、今の句です。随分高度な人生訓を、私は教わったような気がするんですけれども。

そういう盛り上がりの中で、みんなまた元気を出して、ようし明日からまた勉強しようっていうことです。遊びの中にちゃんとそういう教育があるんです。

江戸学を切り拓く

そうこうしている間に、先生の編集で江戸町人研究会の成果をもとに『江戸町人の研究』*全六巻が出ました。また、最近こそ江戸学って当たり前のように言いますが、西山先生が一番初めに『江戸学入門』**というのをお書きになっております。江戸学の提唱者であります。その後『江戸学事典』***という事典を出しました。今でもこれが一つの揺るぎない江戸

*『江戸町人の研究』全６巻
西山松之助編、吉川弘文館、1974-2006年刊。

**『江戸学入門』
筑摩書房、1981年刊。

***『江戸学事典』
西山松之助ほか編、弘文堂、1994年刊。

の研究の出発点になっています。その後、さらに江戸町人研究会から育った人たちを中心に建築史、民俗学、考古学、都市計画史、社会学など学際的なメンバーが集まり江戸東京フォーラムという研究会が、『江戸東京学事典』****というのをつくりました。現在、私が館長をしている江戸東京博物館の学問的根拠は、この二冊が基本になって今から三〇年前に準備され、二二年前に開館しました。つまり、江戸博は、その二冊がまず基本になって展示ができているわけで、西山先生の教えが江戸博に反映しているということであります。ただし、この三月（二〇一五年）にリニューアルしました。学問は日進月歩でありますから、新しい展開を今、遂げようとしているところです。

江戸っ子とは何かということを、しっかりした根拠を持って、先生が初めて明らかにされました。明和七（一七七二）年の「江戸っ子のわらんじをはくらんがしさ」という川柳で、江戸っ子という語が最初に文献に出てくる。それ以後、次々と、「江戸っ子の生まれそこない金を貯め」とか、「江戸っ子の妙《たえ》は身代潰すなり」とか、さらに山東京伝の、江戸っ子を定義するような江戸っ子論が出てきます。先生は、丹念に江戸っ子という文字のある文献を全部集め、『江戸ッ子』*****という本を書かれ、初めてしっかりした根拠を持って、江戸っ子は田沼時代に成立したと明らかにしました。しかし、田沼時代に成立したのは、お金持ちの江戸っ子で、文化文政期に、「俺ら江戸っ子だ」とやたらと言いたがる江戸っ子が現

****『江戸東京学事典』
小木新造ほか編、三省堂、2003年刊。

*****『江戸ッ子』
吉川弘文館（江戸選書）、1980年。

れる。江戸っ子でも、第一期と第二期があるというのを明言されたのが大きな功績といえます。

さらに大きなお仕事は、江戸文化というのを、お茶をやる、お花をやる、そういういろいろなことをやると同時に、旅もする、物見遊山《ものみゆさん》もする、お伊勢参りとか大山参りもする、そんなもろもろの江戸の人々の行動をひっくるめて「行動文化」と捉えたことです。単なる信仰行動とか、芸能行動というんじゃなくて、それらは全て行動文化。大衆が成立した中で行動文化というのが見事に花開いたんだという、これも非常に新しい考え方であり、今、江戸学の研究では、重要なキーワードになっております。こういうように、前人未到という、まだ開かれていないところを、次々と先頭切って開拓なさっていったわけであります。

浅草寺*に日記がたくさん伝存しているというので、先生は浅草寺日並記研究会というのを立ち上げました。そして『浅草寺日記』第一巻が昭和五三（一九七八）年に刊行されました。こうして『浅草寺日記』は今、第一巻から第三五巻まで慶応二（一八六六）年まで出版されています。先生がスタートさせて、今、私が先生の跡を継いで代表を務めさせていただいていますが、この研究会においても、若い人々を大勢育ててくださいました。とにかく、研究者と同時に教育者であり、そこに集う若い人たちを見事に成長させてくださ

*金龍山浅草寺

きんりゅうざんせんそうじ　東京都内最古の寺。「浅草観音」、「浅草の観音様」と通称されている。

いました。

遊び・鬼の抜け殻

先生は、学問的に非常に大きな成果を上げられましたが、先に申しましたように、宗活老師の影響が随所に色濃くみられました。先生は絵がお好きですから、スケッチをたくさん描いておられます。そこに文章を載せた画文集**というのを喜寿記念のときにお出しになりました。そのときに、出版元の講談社の編集者丸本進一さんが、「江戸学の権威・西山松之助は、学問の鬼であり、弟子たちにとっては甚だ怖い存在である。しかしこの鬼は、実は遊び好きで、茶、花、能、歌舞伎、旅と、しょっちゅう書斎を抜け出す。鬼も今年は七十七。家中に遊びの抜け殻があふれ返っている。喜寿の記念に、宝とする抜け殻の数々を集めた。これからも遊び続け、脱皮し続ける現代の文人を祝して」と帯に書きました。これは先生を表現したすばらしい文章だと私は思っています。

幾つもその抜け殻はあるんですが、遊びの中でやはり非常に印象深いのは、先生のスケッチで、花を中心にした絵ですね。いただいたお手紙、葉書もありますが、大体は封筒に入って、こういう巻手紙といいますか、長い手紙で墨書です。そして必ずそこには絵が添

** 『鬼のぬけがら―西山松之助画文集』講談社、1982年刊。

えられております。葉書にも絵が描いてありまして、句が大抵入っております。改めて何枚か読み返しましたら、今になると、やはり涙が出るくらい、私のことを心配していてくださったんだなというのが、その言葉の端々でわかるんです。まだ血気盛んな私には、それを十分読みこなせなかったなという、悔いの念もございます。ほんとうに細かいところまで非常に気を配ったお手紙を、たくさん、たくさんくださいました。

先生は、誰かが賛をしたものに、自分が絵を描くという、合作というか、江戸文人たちがやった遊びをしばしばなさいました。池袋の料理屋さんには、先生の合作の絵がいっぱい飾ってありました。いつも飲みに行くところで、おかみさんに所望されたのでしょう。郡司正勝さんが何か書いて、そこに西山先生の絵が描いてあるとか、そういうものです。高等師範学校の先輩で有名な俳人の加藤楸邨*さんのお宅に、自分が絵を描いて持っていって、この上に、楸邨さんの俳句を書いてくださいと頼んだところ、加藤さんは、それも書くけれども、私がこれから句を書くから、あなたはそれに絵を描けと言って、みずから色紙を持ち出して、句を書いてくれた。それが「晩白柚　ひかる未発の密度もて」という句なんです。晩白柚というのはブンタンの一種ですかね、西山先生は、これに対して、その花が白いわけですから、それをさあっと描いた。そうしたら、ああ、なかなかよくできてるわいって、楸邨さんがおっしゃったと、言うんです。これが先生自身のお宝で、今でも

*加藤楸邨（1905-1993年）
かとう・しゅうそん　俳人、国文学者。主宰した「寒雷」では伝統派から前衛派まで多様な俳人を育てた。

お宅にあると思いますが、私にこれを見せながら、そうだよなっておっしゃいます。「ひかる未発の密度」というところです。「人は全て未完成である。今日も明日も明後日も、一日々々、それは完成への道のりでしかない。それは、未発の密度である。その密度が充実し、力が満ちあふれてくると、おのずから光輝き、絢爛《けんらん》たる花が開く。花、それは未発の密度である」と。

ばあっと開いたのは、それは外側から見ればとても美しいわけですが、実を言うと、そのときには、中側のものを全部発散しちゃっているわけです。つまり花に全部もう精力が行っているわけです。しかし、これから開こうというその力は、すごい密度の濃いエネルギーなわけですよ。だから「ひかる未発の密度」。いまだ開からざる密度です。人生、おそらく一生開かないのかもしれないですね。人間は、一生未完成なのかもしれません。だけどそのプロセス、開こうとするプロセスこそ人生で、やはり修行すればするほど密度が濃くなっていくよということで、この絵画と俳句を通じての教えといいますか、私は、私自身の、未発の密度を大事にしたいと思っております。句は加藤楸邨先生のものでありますけれどもね。楸邨先生はどう解釈したかは、聞いておりませんが、西山先生は、これを、私にそう教えてくださいました。

先生は、花がどれでも好きなんです。ツユクサでも、コスモスでも、何にしろどれでも好きなんです。だけれども、だんだん、分かってきました。なかでも白い花がお好きだと。同じツバキでもワビスケが好きなんです。ワビスケでもシロワビスケがいいとか。シロヤブツバキもそう。ヒゴツバキでも白がいい。それから白梅がいいでしょう。クチナシ、ムクゲ、ユウガオ、モクレン、タイサンボクもそうでしょう。とにかく白い花を盛んにスケッチをなさっていました。それで、だんだん画技が上達してきますと、その白のところに胡粉を塗られるんです。盛り上がる花の立体感が見事でした。

ある日、夜の一〇時過ぎにわが家の電話がなりました。西山先生からです。「竹内、今すぐ来い」って言うんですよ。何故、こんな夜に、中野から小日向まで行かなきゃいけないの。当然、タクシーで行かなきゃいけないし。何事かって思ったら、「月下美人が咲いたぞー」って大きい声で、言うんですね。もう絶対見せたかったんですね。大体八時ぐらいから開き始めまして、真夜中の一二時に一番開くんです。そして三時、四時にはしぼんじゃうんです。しかも、同じところは二度と咲かないんです。それが三輪咲いたとか、五輪咲いたという話で呼び出されましてね。それで、どうだって言うから、いやあ、夏の夜空に映えてこれは見事なものだと申し上げました。結局あのときどうやって帰ったのか、午前一時過ぎだから、多分、またタクシーで帰ったと思うんですけれども。まあ、ありがたい話なんですが、夜中の呼び出しです。私にそれを見せたくて、見せたくてしょうがなかったんですね。これも思い出の一夜ですね。

茶杓づくりも名人でした。日本橋三越でしばしば個展をなさいました。茶杓で印象深いのは、「百万遍」という銘の茶杓です。一〇〇万回、ハンカチのような薄い絹のきれいな布で、自分が削った茶杓を拭くんですね。それを一〇〇万回やるというんです。ですから、その銘は百万遍ですが、「そんなこと、先生できっこないじゃないですか」って、笑っちゃったんです。「ところがやれるんだよ、君っ」て言って時計を見ながら、サッサッサッサッサとこう擦るんです。すると、ほら、今これで三〇回やったろうって言われて、今何秒かかったって、聞かれる。そこで、例えば一分これをやると、何回磨いたことになるという計算ができるだろう。そうすると、あとはいちいち勘定しなくても時間なんです。だから一〇分間こうやってサッサッサッサとやったら、もうこれは五〇〇回やったとか何回やったっていう数字になるわけです。それで、一番、はかがいったのは、つまんない教授会だったって言うんですね。教授会で発言もしないし、聞こうともしないですから。今日は何回いったかっと言って、喜んでいるんですね。そして、刻々と報告なさるんですよ、私に。君はできないって言ったろうっと言って。ここでまた、炒り豆が始まるわけです。やれないはずはないという。それで一〇〇万回めでたくほんとうにやっちゃうわけです。脇でいると、このエネルギーは私にはないな、追いつこうったって、とてもとてもという気持ちになりました。茶杓については、いろいろな話があります。失敗ばかりなさっていましたからね。最初は、ぽーんと折れちゃうんですよ。その折れる段階から、私は見ていますから。そのうちに、絶対折れないような技を身につけることになるんですが。

それから、旅です。旅にはいろいろな思い出あるんですが、これは私が同行しなかったときの話です。竜飛岬に行ったときに、ふだんは北海道が見えるけれど、今日は雲がかかっていて見えないから行ったって無駄ですというのを、無理やり、いやあ、そんなことないと言って、行ったた。で、着いて一〇分かなんかしたら、ぱっと晴れ渡って、北海道が見えて、ほうら、見えるじゃないかって、いうことになったそうです。

その話を、背景に持ちながら、私と対馬へ行ったときの話です。晴れていれば対馬の或るところからは、釜山が見えるんだそうですがその日は曇っていたんですよ。そこに行くにはちょっと小高い丘まで行かなきゃならんから、曇っているんですから、「先生、見えっこないですよ」って言ったんですが、「行ってみなきゃわからんじゃないか」って、また始まっちゃって、それで、渋々私もくっついて行きました。先生は、たたたたって、もう頂上。私はやっとこさっとこ頂上へ。まあ、頂上で一五分ぐらい待ちましたかね。結局は見えなかったんです。

でもね、執念というんですか、初志貫徹、一徹、頑固、どういう言葉を言っていいかわからないです。でも、ほんとうに行動してしまう。そして不成功でもけろっとなさっていましたね。別に見えなかったのを残念がってはおられなかった。人事を尽して天命を待つの心境のようでした。その帰りに、道端に竹林がありました。転んでもただでは起きません。急に車をとまらせて、折りたたみののこぎりを取り出し、手早く竹を適当な長さに切って、もう、帰りのお土産ですよ。茶杓用の竹材。どこに行くにも携帯用のこぎりなど、用意万端整っているんですね。

先に学生に歌舞伎を演じさせた話がありましたが、私のときは、歌舞伎鑑賞会となっていました。先生は共立薬科大学に講師で行って日本文化史を講じられておられたので、この学生と教育大の学生と合同で毎月歌舞伎を観に行く秋桜会というのがありました。学生ですから、大体が一番安い三階です。一番後ろです。我々も、何年も通っているうちに、大向うからだんだん「成田屋っ」とかやるようになったんです。先生のおかげで。そのぐらい、私どもを導いてくださったんです。

そんな環境のなかで、私も三味線と長唄の稽古に励んだ時期がありました。芸者さんとのお付き合いにはちょっぴり役立ちましたが、西山先生の芸事のようには、私のほうはものになりませんでした。

最後に申し上げたいのは、先生は遊ぶんですが、今までお話したように、その遊びが全部学問に通じちゃうし、学問がみんな遊びに通じるんですね。宗活老師の影響がいかに大きかったかと思います。先生は、ものを書くときも、しゃべるときも、遊ぶんでも何でも、自分が何か行動することを、「行じる」って必ずおっしゃるんです。何々をするというのではなく、何々を行じるっておっしゃるんです。だから結局は、先生は基本的に人生を行じていらして、学問も、遊びも、行じる中での一つのまとまりなので、別に分かれているわけではなかったんですね。学問的にものすごい成果を上げられましたし、教育者としてもすばらしい人生を送られたし、そして、遊びの世界では、あの国立劇場の大ホールの花道で素人芝居ながら市川団十郎顔負けの弁慶の片手飛び六方をやったんですから。せりふの発声もまことに見事なものでした。こんな学者いますか。これからも、こういうタイプの文人学者というのは、もう出てこないのではないかなと思います。私は、西山先生のことを「最後の文人学者」と言っています。文人とは粋なものであります。西山先生の行じる姿が、江戸文化の神髄である美意識の粋というところに貫かれていました。私は、ほんとうに不肖の弟子でありますが、爪のあかを煎じて飲む心構えで、かろうじて今日まで歩んで来ることができました。

池波正太郎と父・中一弥の戒め

池波正太郎

いけなみ・しょうたろう
一九二三—一九九〇年。戦後を代表する時代小説家、歴史小説家。『錯乱』で第四三回直木賞受賞。美食家、映画評論家としても著名。

中　一弥

なか・かずや
一九一一—二〇一五年。時代小説の挿絵画家。池波正太郎など多くの作家の作品に挿絵を描く。

白鳥真太郎撮影

逢坂　剛

おうさか・ごう
一九四三年生まれ。小説家。中央大学法学部卒業。『カディスの赤い星』で第九六回直木賞受賞。

私のおいたち、父・中一弥のこと

私の生い立ちからお話ししたいと思います。

作家になったのもそういう生い立ちから深く影響を受けていると思っておりますので、何かのご参考になるのではないかと思います。私は昭和十八（一九四三）年に生まれました。ちょうど太平洋戦争のさなかです。母親と父親は二人とも画家をしておりました。同じ先生のところに通って絵の勉強をしていたんですが、母親は父親の才能を認めたのかどうか、自分は絵をやめて主婦になろうと決心して父親と結婚をしたらしいんです。私の母親は写真でしか見たことがないんです。というのは一歳二か月か三か月、昭和二十年の一月に結核で亡くなりましたので、私にはまったく母親の記憶がなくて、父親の残した写真でしか見たことがないんです。これがなかなかの美人なんですね、モダンな感じの。うちのおやじはどちらかというと小柄で、あまりハンサムな男ではないんですが。

そういう両親のもとに私は生まれたのですが、戦争中でもありましたので、あまり豊かな生活はもちろんすることもできず、岡山県のずいぶん田舎のほうに疎開をさせられていました。父親はちょっと目が悪かったので、兵役にも呼ばれないで絵の仕事をしていたんですが、とうとう母親が死んだ昭和二十年の三月ぐらいに赤紙が来たんだそうです。

目が半分見えない男のところにまで赤紙が来るようじゃ、これは日本も負けだなと思ったというふうに父親は言っておりました。入隊したんですが、そういう状況でしたから、上官などから、「おまえ、絵描きだそうだが、ちょっと俺の絵を描いてみろ」なんて言われて描いていると、なかなかうまいじゃないかというので、「じゃ、君は絵の担当だ」ということで、軍事訓練は少しおまけしてくれて、ずっといろんな絵を描いたりする仕事をさせられていたと言っておりました。

七、八か月で戦争が終わり、兄が二人いて、私以下三人を養わなくてはいけないんですが、戦争が終わったばかりで雑誌の挿絵の仕事もないような状況でした。山形県の酒田でホテルをやっている方が、じゃ、うちへ逗留して絵を描いて、それをどこかの画廊で売ったらどうかと言ってくださったので、そこへ行き、絵を描いて売り食いをしていたと聞いております。

そのホテルは、今はもうなくなってしまいましたが、そういうパトロン的な存在で、中川一政*さんとかいろんな有名な画家さんに画室を提供して絵を描かせていたと聞いております。最近になってからでしたか、そのホテルの解体工事をするので天井裏を整理していたら、うちのおやじの絵が十六枚出てきたというんですね。ほかの中川一政とか、もっと

*中川一政（1893-1991年）
なかがわ・かずまさ　洋画家、美術家、歌人、随筆家。神奈川県真鶴町に町立中川一政美術館がある。

有名な画家の作品は出てこなかったんです。うちのおやじの絵をとっておくよりも、中川一政の絵をとっておいたほうが金になったんじゃないかと思うんですが、なぜか私の父親の絵だけが残っていました。旅館で働いている人たち、仲居さんとか、娘さんの絵を描いていたのが残っていたということで、それをちょっと見に行って、何点か私も手に入れてきました。

そんなこんなで、ようやく落ちついて東京に居を定めたのが昭和の二十四、五年ごろでしたでしょうか。ちょうど戦後の闇市の時代で、物が何もないころなんですね。そのころ、文京区の千駄木というところ、今でいうと団子坂の近くですが、そこの新築アパートに親子四人転がり込みました。父親が毎日六畳一間の隅っこで絵を描いている。私は小学校に上がるか上がらないかでしたが、長男は八つ違いですので中学生ですね。二番目の兄が四つ違いで、これは小学校の高学年、三年か四年だったと思います。この親子四人が六畳一間で寝起きしていたわけです。今思えば、よくそんなところで生活したなと思います。

どこか近所のおばさんに頼んで洗濯とか、ご飯づくりをお願いしていたというふうに記憶しています。そういう生活が三年ぐらい続きましたでしょうか、とにかく六畳一間のアパートに親子四人ですから豚小屋みたいな生活だったと思うんです。そんなことを言うと豚が怒るんじゃないか、というぐらいのすごい生活だったようですが、当時はお金があっても買うものがないもんですから、金持ちも貧乏人もほとんど変わらない状況でした。ですから、別に不幸だとか、貧乏しているなんていう意識はまったくなかったですね。子供の場合はね。

ランニングシャツを着て、底抜けに明るく笑っている当時の兄弟の写真があるんですが、そのランニングシャツがみんな穴だらけで、ぼろぼろなんですね。ところが、そんなことを苦にしない明るい笑顔で、そのころのことを考えると、不幸だったなんていう記憶はまったくなくて、ほんとうに物がないのに幸せだった。それを思うと、今の子供たちは何でもお金を出せば買える時代に育っているのに、何となくかわいそうだなという気がしてしようがないんですね。物があるだけが幸せではないということを、私みたいな世代の人間はきっと痛切に感じているんじゃないかと思います。

そうやっているうちに、その団子坂の私の住まいのちょうど隣の汐見小学校に、入学しました。昭和初年創立の学校で、当時は東京湾の汐が見えたということじゃないか、と思います。この小学校は名門と言うほどではないんですが、ＮＨＫの専属タレント第一号になった楠トシエさんとか、新劇のベテランの奈良岡朋子さんとか、私の後輩の作家では吉本ばななさんとか、そういう人たちが卒業したという小学校です。そこに通って勉強したわけです。

小学校三年のときに、その学校のちょうど反対側の団子坂により近いほうに、一戸建ての家をおやじが建てました。そのころは仕事が忙しかったから、お金を稼いでいたんだと思います。ようやく内風呂ができて、ちょっと自慢したいような暮らしになったのを覚えています。何しろ六畳一間から、そうやって内風呂のついた家にかわったということで。

おやじが書いたというよりも、おやじがしゃべったことをちゃんと聞き書きして、本にしてくれた評論家がいます。『挿絵画家・中一弥』*というタイトルで、まだ絶版になっていないのではないかと思います。これはおもしろいです。大体私が知らないことが、ぼこぼこ出てくるんです。おやじにこのような秘密、まあ秘密というほどのものじゃないんですが、子供には一切しゃべらなかったことを、評論家にはぺらぺらしゃべっているんですね。それが結構おもしろいんです。もしどこかで見つけられたら、買って読んでいただければ、と思います。

千駄木町のその場所は、私には随分いい思い出ばかりでした。ちょうど崖の下で、崖の上が観潮楼という森鷗外**の住居のあったところなんです。子供のころ、崖下から見ると、よくその崖の上の観潮楼で森鷗外が歯を磨いているのを見ましたと言うと、みんながふーんと感心するんです。そんなことあるわけないですね、大体時代が違いますから。でも、そう言うと、森鷗外が、ああ、そこにいたのかということを、みなが覚えてくださるとい

＊『挿絵画家・中一弥―日本の時代小説を描いた男』
集英社（集英社新書）、2003年刊。

＊＊森鷗外（1862-1922年）
もり・おうがい　小説家、評論家、翻訳家、陸軍軍医。文学者として、また医師、官僚としても著名。本名、森林太郎。

うので、よくその話をするんです。

その観潮楼を後にして引っ越したところが、癌研というのがまだあると思いますが、JRの大塚駅の近くでした。今唯一残っている都電の荒川線の沿線で、駅から歩いて十分ぐらいのところに家をまた買いまして、そこで生活を始めました。これが小学校六年の夏休みでしたかね。

父親は小学校を出たら、すぐに絵の勉強を始めて――勉強を始めたというよりも、絵が好きだったので絵を描きたくてしようがない――家も貧しかったので、上の学校に進まずに、そのまま劇場の看板描きの親方のところへ頼んで仕事を始めたらしいんですね。

今はもうないかもしれませんが、映画館とか劇場で出し物の大きな看板を描く仕事があって、それをしていたら、親方が、「おまえはこんなところで、こんな仕事をするような人間ではない。こういう仕事をしているのは、絵描きになろうとして頑張ったけれども、だめな人間がやっているような仕事なんだから、おまえはちゃんと絵の勉強をしろ」と言うんですね。その親方はなかなか偉かった。それで、父親も一念発起して、今度はどこかに弟子入りをしようということで、小田富弥***さんという先生のところに自分で絵を持って乗り込んだらしいんです。

この小田富弥さんという先生の先生は北野恒富という人で、その先生のさらにその先生

***小田富弥（1895-1990年）

おだ・とみや　挿絵画家。とくに時代小説の股旅もので人気があった。

は月岡芳年という、これがまた幕末の歌川国芳の弟子だったりする。つまり、江戸の浮世絵の系統の画家の先生だったんです。ということは、父親も江戸の浮世絵の系統を継ぐと言っても間違いにはならないと思います。その小田富弥さんは、林不忘の『丹下左膳*』の絵で有名になった人です。白い着物に黒い襟、片手でさやをくわえて刀を抜いているという有名な絵がありますが、それを考えた有名な人です。

その人の絵が好きだったので、父親がそこへ弟子入りを頼みに行った。そうすると、小田先生が父親の持っていった十数枚の絵を見て、これは君が一人で描いたのかねと言われた。そうですと答えたら、うーんと言って、そこで多分才能があると見抜いたんでしょう。じゃ、今度は一人じゃなくて、誰か身元保証人になるような親御さんでも連れて、もう一度来てくれ。そうすれば、正式に弟子にするかどうかを決めようということで、結果的に父親は小田富弥さんの弟子になったんです。それが十六歳のときだったと、その本によれば書いてあります。

そして、二年ぐらいしてからでしょうか、今の直木賞のもとになった当時の大流行作家の直木三十五**が小田富弥さんとわりと親しくしていて、小田さんに、君も忙しいだろうから、誰か弟子の中に今度新しく始まる連載の挿絵を、描いてくれるような人はいないかねと言われて、小田さんが私の父親を紹介というか、推薦したらしいんです。

＊『丹下左膳』

1927（昭和２）年から『毎日新聞』に連載された「新版大岡政談・鈴川源十郎の巻」に登場した脇役の丹下左膳が、小田富弥の挿絵で人気となり、当時の映画３社が競って映画化した。

父親はそのとき十八歳で、直木三十五の新しい連載小説の挿絵を描いて、一応デビューしました。そのときのメディアが名古屋新聞、今でいう中日新聞に当たるわけです。実際には、その前に二つ、三つ、商業雑誌に描いたようですが、その本によれば一応正式のデビューとしては、直木三十五の絵を描いてデビューしたということになっています。

中央紙ではないですが、当時としても、地方紙、ブロック紙の中の大きな新聞の挿絵を描いて十八歳でデビューするというのは、相当早かっただろうと思います。今ではちょっと考えられないことですね。

そうやって、自分は才能があったので画家になったわけですが、子供たちに自分の画業を継がせようという気持ちは、どうもなかったようです。多少の期待はあったのかもしれませんが、子供に絵を描かせてみれば才能があるかどうか、というのはすぐわかる。父親はそれを見て、これはどうも絵の才能は三人ともなさそうだということで、自分には学歴がないものですから、ちゃんとした大学に入れて、どこかの一流企業に勤めさせよう、という気持ちがあったのではないか、と思います。

それで、一番目の兄は頭がよかったので、現役で東大に入りまして、頑張っておりました。二番目も、そこそこに成績がよかったんじゃないかと思うんですが、一番上の兄貴があまりにもでき過ぎたので、あまり目立たず、中央大学の商学部に入りました。

＊＊直木三十五（1891-1934年）
なおき・さんじゅうご　小説家、脚本家、映画監督。

開成学園から中央大学へ

それで、私は小学校を卒業する間際に、父親に開成学園*に行けと言われました。行けと言われても、私立ですから試験を受けなくてはいけない。父親は、そんなことに関心があったはずがないので、誰かに聞いたんでしょう。出入りの編集者の中に、何人か開成出身の編集者がいたもんですから、ああ、開成に行かせたらどうですか、みたいなことだったんじゃないかと思います。

それで、一応これは勉強しなくちゃいけない、ということになりました。塾とか家庭教師を雇う余裕もなかったので、東大に行っていた兄貴が私の家庭教師がわりに、ずっと勉強を見てくれて、さして苦労もなく開成に入れました。今でこそ開成は、東大の合格者数がぶっちぎりにいいので、すっかり有名になりました。私らの世代では、一応進学校ではあったのですが、そんなに東大に何人なんていうことを、誇るような学校ではありませんでした。ただ、明治の初年にできた学校で、私が高校三年のときに、創立九十周年を迎えました。そういう古い伝統を持つ学校だったので、むしろそのほうが合格した人間にとっては誇らしい、というところがありました。

*開成学園

1871（明治4）年、佐野鼎が共立学校として創立。1878年、高橋是清が初代校長に就任。1895年、校名を開成と改める。中高一貫教育の私立男子校。

もちろん男ばかりの学校で、しかも入学した昭和三十一年というと、戦争が終わってからまだ十年ぐらいしかたっておりませんから、蛮カラな気風というのが残っていました。小学校ではクラスで一番とか、二番とかいういわゆる秀才ばかりが、意気揚々と入学するわけです。席次は、前の学期の成績で決められます。成績のいい順に後の方から席が決まっていく。悪い者ほど、席が前になる。

だから、ほかのクラスへ行って、その席順を見ると、大体こいつは何番だというのがわかるんです。前の一列目にくすぶっているやつは、大体成績が劣等のやつとわかってしまう。劣等といっても、小学校ではそこそこの成績でしたから、それはなかなか屈辱的なことだった。

私も最初の試験で、当時たしか六十人いたような記憶がありますが、そのうち四十二番でした。小学校のときは別に勉強なんかしなくたって、クラスの中で一番から三番の間にいたんだろうと思いますが、そういうプライドがそこで打ち砕かれました。それまでそういう習慣がなかったせいか、あまり勉強しなかったんです。それで四十二番をとって、子供心にすごくショックを受けた覚えがあります。

ショックを受けて、やる気になればいいんですが、どうも根が楽天的なのか、よく考えると、そうか、後ろにまだ十八人もいるわけだなんて思い直して、あまり反省しないで、相変わらずぶらぶら。

そうやって、大体教室の席の二列目とか三列目を、左右に移動していることが多かったんですね。ところが、中学二年生の二学期でしたか、突然六十人中十二番という成績をとったんです。多分山が当たったったんだろうと思います。それで、中学二年の三学期の授業が始まると、突然後ろから二列目のちょうど級長の前の席にかわりました。

後ろから一列目、二列目あたりは大体頭のいい、成績のいい常連がそろっていて、そこへそれまで劣等生だった人間が突然上がってきたので、居心地が悪いこと極まりない。そのときに私の隣に座った、つまり成績で言うと十三番になる男がいました。これを仮にS君と呼んでおきますけれども、S君とはそれ以後、半世紀以上、六十年近くつき合いが続いています。このS君と隣り合わせたことも、私が作家になった一つの大きな要因じゃないかと思います。

というのは、そのころ小説を書いていると、S君が、何を書いているんだときいてきます。書き上げると、ちょっと見せてみろと言って、S君は持ち帰り、その晩その小説を読んで、翌朝大学ノートを返してくれます。それを見ると、一番おしまいのページにその批評が書いてあるんです。S君は当時非常にませているというか、柄も大きくて、若白髪が出ていて、見た目には大学生に見えちゃうような少年でした。

＊ダシール・ハメット（1894-1961年）
Samuel Dashiell Hammett　ハードボイルドスタイルを確立した推理小説作家。代表作は、『血の収穫』、『マルタの鷹』。

そういうませた少年でしたから、そのS君が書いた批評は、文章には思想がなければいけないが、君の小説には思想がないとか、どうも女の描き方が甘いとか、そんなことが書いてあるんです。それが別に励みになったわけではありませんが、S君はそれを見ながら、君はともかく文才があるようだから、小説を書いたら必ず俺に見せろ、というようなことを言って、ずっと励ましてくれました。

それから、クラスもかわったりしたんですが、また高校になって一緒になりました。私は断続的にずっと小説を書いていて、そのころは少し大人にもなっていたので、アメリカのハードボイルド小説、ダシール・ハメット*とかレイモンド・チャンドラー**なんかをもう既に読み始めていました。そして、それまがいの小説も書いていたわけで、S君は、それを読んで、「うん、なかなかうまくなった。君はやはり文才があるようだから、これでどんどん書いていきたまえ」なんてことをアドバイスしてくれた覚えがあります。

高校二年ぐらいになると、進路を決めないといけないので、どういうふうにしようかといろいろS君とも相談をしました。

チャンドラーとかハメットを、原書で読んで随分勉強したせいもあって、英語は結構できたものですから、当時、国立では唯一、理数系の試験科目がなかった東京外国語大学に、狙いを定めました。

**レイモンド・チャンドラー（1888-1959年）

Raymond Thornton Chandler　小説家、脚本家。ハメットらとともにハードボイルド探偵小説を生み出した。代表作は、『大いなる眠り』、『さらば愛しき女よ』、『長いお別れ』。

ところが、東京外国語大学は、試験はいつも二月なんですが、その前の年の秋に突然受験科目に数学Ⅰというのが、入ってきたんです。私は非常に困ってしまいました。数学はまるで捨てていましたから。今さらやっても遅いというので、何とか英語と国語でカバーをしよう、という不退転の決意で試験に臨みました。

一次試験は英語だけだったので、これは目算どおり通って第二次試験になったんですが、ふたをあけてみたら結局落ちてしまいました。

二〇一三年の暮れに、頼まれて東京外国語大学で講演をやって、東外大は惜しい人材を落としてしまったとか何とか言って、その恨みつらみを晴らしてきました。

私は結局、第一志望の東外大、第二志望の早大に落ちて、中央大学の法学部に入りました。そうやって、無事大学生になって、司法試験を受ける勉強をすることになりました。しかし結局、辛気くさい勉強はとても自分にはできないと悟って、司法試験は諦めました。それからは、ギター三昧になってしまいました。

勉強はおろそかにして、ギターばかり弾いているうちに、だんだん就職がまた近づいてくる。私は司法試験を諦めていたので、何をしようかと考えた。やはり、文筆を使った仕事につきたいということで、まず新聞社を第一志望にし、第二志望に出版社ということで狙いを定めました。

しかし、またまた第一志望、第二志望とも落ちてしまい、広告会社の博報堂に入ることになりました。博報堂は、当時神田錦町にあって、古本街と近いんです。大学はお茶の水でしたから、ここも神保町に近かった。ずっと古本屋さんをめぐる習慣がついていました。これは、古本屋に近い博報堂がいいという判断もあって、入社を決めたわけです。

文章修行、直木賞作家へ

そうやって博報堂に入社して、ＰＲ本部という部署に、配属されたわけです。ＰＲ本部というのは、例えばＰＲ映画をつくったり、ＰＲ誌をつくったりするセクションです。そのほかに、新聞記者や、出版社の記者とつき合う仕事もありました。何かというと、今ではもう一般的になりましたが、当時はほとんど知られていなかったパブリシティー、という仕事です。得意先の情報を、新聞記者や雑誌の記者にニュースとして提供する、簡単にいうとそんな仕事ですね。

私はこの仕事で、だいぶ文章修行をしました。これが後年随分役に立ったのではないかと、今思えば思い当たるんですね。

三十歳を過ぎてから、週休が二日制になって土曜日も休みになったので、何かすることはないかと考えました。そこで、中学、高校の時代にやっていた、小説書きをまたやってみようか、という気になったわけです。会社から帰った後のオフタイムと、土日を使って小説を書き出しました。

そのときどんな小説を書いたかというと、先ほどもお話ししたアメリカのハードボイルド小説、ハメット、チャンドラーのスタイルの小説です。PRマンを主人公にした、一種の国際冒険小説というんでしょうか、そういうものを書き出しました。

一年かけて書き上げてみると、大体コクヨのB5の原稿用紙で、一五〇〇枚ぐらいになったんです。それが、直木賞を受賞した『カディスの赤い星』*の初稿です。

しかし長すぎて、だれも読んでくれない。そこで今度は方針を変えて、短編小説の賞に応募することを決めました。その結果、一九八〇（昭和五十五）年にオール讀物推理小説新人賞を受賞し、作家の末席に名を連ねることができたわけです。それから六年後、ようやく押し入れに眠っていた『カディスの赤い星』が本になり、直木賞を受賞した次第です。

実は、その半年前に、最近ちょっとテレビで話題になった『百舌の叫ぶ夜』**が、同じ直木賞の候補に残りました。受賞は逸したのですが、このときは池波正太郎さんに、話がわかりにくいと厳しいことを、言われました。話が一か月前にさかのぼったり、現在に戻ったりして、それがだんだん最後のほうでくっつくという話なんですが、それがわかりにくく

*『カディスの赤い星』
講談社、1986年刊。のちに、講談社文庫、上下巻、1989年刊。講談社文庫（新装改訂版）、上下巻、2007年刊。

**『百舌の叫ぶ夜』
集英社、1986年刊。のちに、集英社文庫、1990年刊。

かったと言われました。

そのとき、藤沢周平***さんは非常に褒めてくださって、『カディスの赤い星』が候補になったときに、こういうまったくタイプの違う小説を二つ書けるのは、十分プロの作家としてやっていける資質を備えている、ということを書いてくださった。そうやって、新人賞のあと六年で、直木賞を獲った次第です。その間、池波さんのお宅には正月元旦には必ず、父親と一緒にご挨拶に伺うのが、習慣になりまして、亡くなるまでほぼ二十年近く続きました。

池波正太郎の人柄と小説作法

池波さんは、自分の小説観をお持ちになって、決して妥協はなさらない厳しい人でした。私の父親と同様で、小学校を出てからすぐに株屋に奉公された、と聞いております。つまり実力でのし上がってきた方ですので、甘えのある人間に対しては非常に厳しいんです。

それで、厳しいだけかと思うと、実はそうではありません。後年、亡くなる何年か前に菊池寛賞を受賞されたことがありまして、その授賞式の後に引き続くパーティーに私も出席しました。そのとき、会場の隅に受賞された池波さんがぽつんと、一人で立っていらし

***藤沢周平（1927-1997年）
ふじさわ・しゅうへい　時代小説家。『暗殺の年輪』で第69回直木賞受賞。

た。気難しいとか、怖い人だという評判があるせいか、何となくほかの編集者があまり近づかずに、そこだけちょいとひとけがなくなっているような感じに、私には見受けられました。私は、そうだと思いついて、一緒に連れていた当時小学一年か二年だった自分の娘に、渡すように買ってあった花束を、あそこのおじちゃんに、おめでとうございますと言って、あげていらっしゃいと言ったんですね。

そうしたら、娘は怖いもの知らずですから、とことこと駆けていって、親に言われたとおりに、花束を渡しながら「おめでとうございます」と言ったんです。そうしたら、遠くから見ていたのですが、池波さんは非常にびっくりしたように花束を受け取って、ありがとうと多分言いながら、頭をなでておられました。ああ、池波さんも驚かれたようだなと思っていたら、それから二、三日して、娘宛てに当の池波さんからはがきが来ました。私宛てではないんです。子供にも読めるように、平仮名で書いてあるんです。その文面に、あの授賞式で一番うれしかったのは、あなたからもらった花束でした、なんて書いてあるんです。それを見て、もちろん娘も大喜びしましたが、ああ、池波さんはやっぱりそういう人情というか、情にもろいところもあるんだなと思って、感動した覚えがあります。

往々にして自分には甘く、他人に厳しい人というのはどこにもいるんですが、池波さんのような厳しい人は、自分にももちろん厳しいんです。それも、ただ厳しいだけではなくて、ちゃんと理にかなった厳しさ、つまりその厳しさが、その厳しさを与えられた人に対してプラスになるような厳しさである、と私は理解しています。その厳しさが、プラスにならないという人もまたいたかもしれませんが、それは当人の気持ちの持ちようです。私もあまり、厳しさには強いほうではないんですが、池波さんの厳しさは明らかによく身にしみて、これは頑張らなくちゃいけないというふうに励みになった覚えがあります。

実のところ、池波さんの小説作法と私の小説作法は、天と地ほどの差があります。というよりも、池波さんの小説作法はだれにもまねのできない作法です。池波さんの小説というのは、一見、読むと非常に改行が多くてすっと読めるんですね。読み方によっては、非常に省略も多いし、すかすかのようにも感じられる。ところが、読み終わって考えると、すかすかどころか非常に豊穣な世界が頭の中に残るんです。

それはなぜかなと、同じプロの作家として考えてみると、その行間に多くの情報がこもっているんですね、池波さんの小説には。つまり、くどくど書かなくても、行間を読者が頭の中で無意識に、補うんですね。ああ、この間にはこういうことがあったわけだな、と。それが頭の中に、一種の画像として残るものですから、その画像が最後に全部まとまってわっと頭の中に、浮かんでくる。それが、非常に豊かな世界を生むのだということが、わかりました。

池波さんが意識してそういう手法を使っておられたかどうかわかりません。でも、結果的にはそういうことなんです。ですから、例えば三十枚とか四十枚の短編で、実に読者を感心させる小説をお書きになる。ところが、私のように何でも調べたことを、全部書きたがるような作家は、八十枚書いても、池波さんの四十枚に及ばない内容しか、書けないことがあります。これは、作風の違いと言えばそれまでですが、そういう手法を使う作家というのは、ほかに皆無とは言いませんが、池波さんをもって最初で最後ではないか、と思います。

亡くなって、もう既に二十数年たちますが、いまだに文庫本がなくならずに売れているのは、そういうところがあるからだと思います。しかも、そういう豊穣な世界でありながら、一度読んでしばらくたつと、その中身を忘れちゃうんですね。また読んでしまう。それで、おしまいのほうに来て、ああ、これはそういえば前にも読んだな、と思うんだけれども、まったくあきずに読める。つまり、何度でも読める。桂文楽の落語を聞くと、前に知っている話でも、ここでおかしくなるなと思っていても、笑っちゃうのと同じなんですね。そういう名人芸を池波さんはお持ちで、おそらく百年たっても読まれている、稀有な作家じゃないかと思います。

逆に、いろいろな歴史観を持って、あるいはイデオロギーを持って書いていらっしゃる

＊『三銃士』

フランスのアレクサンドル・デュマ・ペールの小説。1844年に新聞『世紀』に連載された。ダルタニャンが、アトス・ポルトス・アラミスの三銃士と協力して活躍する物語。

作家は、もしかすると百年後に、そういうイデオロギーがまったく受け入れられなくなったときには、読まれなくなるおそれもあるでしょう。それは西洋の小説を見てもそうで、残っているのは、そういうものとはあまり関係のない、純文学ならぬ大衆文学なんですね。『三銃士』* にしてもそうですし、『ああ無情』** にしてもそうです。こうした小説を、純文学なんて呼ぶ人は多分いないだろう、と思います。私は、文学に純も大衆もないだろうと考える立場です。おもしろいか、おもしろくないかだけで判断すべきものだ、と思っています。それは歴史的にも、証明されているだろうと思います。やっぱりおもしろい小説は、何百年たっても読まれるでしょう。池波さんの小説も、多分そういうことだろうと思います。

生涯絵を描き続けた中一弥

父親が池波さんに気に入られたのも、ご自分の小説に絵がすごく合っている、ということだろうと思います。父親の絵を見ますと、息子の目から見てさすがに九十歳を過ぎてからは、線に乱れが見えます。一般の読者も、もちろん気がついておられるでしょうし、おやじ本人が一番わかっている、と思います。ところが、絵を描くしか能がないというとい

** 『ああ無情』

フランスのヴィクトル・ユーゴーが 1862 年に執筆した大河小説。1 本のパンを盗んだために 19 年間も監獄生活を送ることになったジャン・ヴァルジャンの生涯を描く。

いすぎですが、とにかく絵を描くのが好きなんです。それが、お金になろうがなるまいが、自分の生きている間は絵を描くんだ、という気持ちがあるんじゃないかと思います。

ですから、今ほかの作家の絵はあまり描かせたくないので、もっぱら私の仕事だけをするように仕向けているんです。池波さんの鬼平にあやかったわけではないんですが、長谷川平蔵シリーズと呼んでいる『平蔵の首』*、『平蔵狩り』**の装丁も、おやじが描いています。これは天然色で、さすがに昔の精彩さはないですが、なかなか年季の入った絵です。中扉にも、小説雑誌に載ったときの絵を使っていますので、これもいい記念になるかと思います。

とにかく好きなことを、好きなように、好きなときにやっているというのは、長生きのコツですね。父親を見ていると、ほんとうにそう思います。社会適応性は、おやじにはほとんどなかっただろう、と思います。子供を育てたという意識はないというふうに、よく兄弟の結婚式で言っておりました。まったくそのとおりで、一番上の兄貴が母親がわりに、弟の面倒を見ておりましたし、父親の姿は仕事をしている背中ばかりしか、記憶にないぐらいです。

親はなくとも子は育つと言いますが、やっぱり父親のそういう背中を見て育ったことが、今の私にもつながっているだろうと思います。絵を描いているときに資料がなくなると、

*『平蔵の首』

文藝春秋、2012年刊。のちに、文春文庫、2014年刊。


**『平蔵狩り』

文藝春秋、2014年刊。

よく神田の神保町へ資料を買いに、連れていってくれたものでした。それで、一枚の絵を描くために高いお金を払って、資料を買っている。自分の一枚の画料に比べて、どう考えてもはるかに高いものを買って、何てばかなことをしているんだろうと、後年思った覚えがあります。しかし、考えてみると、今、私も同じことをやっているんですね。

小説の中でどうしても必要な資料があると、神田の古本屋を回って見つける。それが短いところならばいいんです。立ち読みして、そのまま神保町の仕事場へもどって、書けば済むことなんですが、一ページ以上にわたっていると、ちょっとここだけコピーをとらせてくれ、というわけにもいきませんから、その本を買う。それが結構高かったりする本だと、その一本分の原稿料とまでは行きませんが、何分の一かを払うこともあります。

そういう性癖は、やっぱり血は争えないな、というふうに思います。DNAが、そうなっているんじゃないか、と思います。だとすると、私もおやじが三十三歳のときの子ですので、あと三十三年は多分生きるだろうと思っています。おやじは今百四歳ですが、私も同じ年齢になって、小説を元気で書いていられるかどうかわかりませんが、今のうちに遺稿として先に書いておこうかな、なんて思ったりしております。

そんなことで、父親と池波さんにはいろいろな意味で薫陶を受け、また影響も受けたと思います。これは、まったく作風とか生き方には反映していないですが、やはり二人の仕事ぶりには目に見えない形で、影響を受けただろうと思います。池波さんも、父親も、好きなことを好きなようにやった、という意味では共通点があると思うし、これは別に作家とか画家の仕事だけではなくて、あらゆる仕事に共通することだろうと思います。

皆さんの中には現役の方もいらっしゃるでしょうし、あるいは、リタイアされて第二の仕事をしている方も、いらっしゃると思います。その仕事に、命をかけろとまでは申し上げませんが、好きにやって頑張っていただきたい。仕事だけでなく、私みたいにギターとか、フラメンコとか、あるいは西部劇でやる拳銃の早撃ちとか、自分のお金と時間を使っても惜しくない、というものを持っていると、きっと人生が充実し、うまくすれば長生きにつながるんじゃないか、という気がします。

私が今参加している、西部劇映画の同好会でウエスタンユニオン、という会があります。ここに来るのは、みんなお年寄りばかりで、私なんかはまだ若いほうです。私も一昨年古希になっていますが、もっと年上の人がカウボーイハットをかぶって、来たりします。そういう人は、やっぱり元気ですね。自分の好きなことをやっている、という意識が長生きのコツだろうと思います。

いたずらに、長生きするばかりが能ではないわけで、やっぱり残った人生を楽しく過ごして、笑いながら棺桶に入るというのが、一番いい人生だろうと思います。私もそのつもりで、頑張ります。皆さんにもそのように、頑張っていただきたいと思います。

中一弥氏は校了直前の二〇一五年十月二十七日に逝去されました。
ご冥福をお祈りいたします。

編者

司馬遼太郎の勇気

司馬遼太郎
しば・りょうたろう
一九二三―一九九六年。小説家、ノンフィクション作家、評論家。『梟の城』で第四二回直木賞受賞。

関川夏央
せきかわ・なつお
一九四九年生まれ。作家。明治以来の日本人の思想と経験を掘り下げてきた業績により第四回司馬遼太郎賞受賞。

このシリーズは、「わが師・先人を語る」と題されていますが、私が司馬遼太郎先生に直接導かれたということはありません。だから「わが師・先人を語る」には必ずしも当たりませんが、彼の作家としての生き方というか、非常に闘志に溢れた方法に関しては多く教えられました。

また、『坂の上の雲』* を構想し執筆を始めた六〇年代の司馬遼太郎だけではなく、日露戦争** の顛末を描いた『坂の上の雲』という長編小説そのものにも関心があり、それを分析するといえばおこがましいのですが、素人ながら軍事と歴史の談義を交えながらやや解析的にお話したいと思います。

『坂の上の雲』が執筆・掲載された時期の日本

『坂の上の雲』は一九六八年の春から産経新聞に連載されました。終ったのは一九七二年七月だったと思います。四年半近くにわたる長編で、単行本としては六巻、文藝春秋が文庫化したときには、それでも一冊あたりが長過ぎるというので八冊に直したはずです。司馬遼太郎自身、四〇代のすべてを、この長編のための勉強と準備と執筆に費やしたといってておられます。彼は一九二三年の生まれですから、四〇代というのは六〇年代前半から

*『坂の上の雲』
「産経新聞」1968-1972 年連載。単行版全 6 巻、文藝春秋、1969-1972 年刊。文庫版全 8 巻、文藝春秋（文春文庫）、1978 年刊。

**日露戦争（1904-1905 年）
大日本帝国とロシア帝国との間で朝鮮半島と満洲南部、日本海を主戦場とした戦争。アメリカ合衆国の仲介でポーツマス条約により講和。

の一〇年間です。

それが日本社会のどんな時代だったかというと、ごく一部ですけれどもいわゆる革命機運が高まった時代でした。学生や先鋭な労働者などが、資本制や日米安保、すなわち体制に疑義を唱えながら、大衆運動を誘発しようとした時代でした。ご承知のようにそのような機運は学生を中心に六〇年代後半、急激に盛上りましたが、大衆的運動としては六九年の一月ぐらいで終熄します。

その後、各党派に分かれましたが、党派というのは小さければ小さいほど精鋭化されていくものですから、非常に激しい争い、つまり誰が最も革命原理に近いかという原理主義の争いを血で血を洗うような感じで行っていたのが、だいたい七一年から七二年です。

七二年の二月、河合楽器の寮の軽井沢浅間山荘に、山岳アジトから逃亡した連合赤軍の人々が立てこもって、ほぼ一〇日間、一六〇〇名の警官隊と対峙しました。立て篭もった五人は奪った猟銃をのべつまくなしに発射しましたが、警官の方は一発も発射せず、最後の方で威嚇射撃を行ったようですが、立て篭もった犯人をまったく殺す意志がないということで世界を驚かせました。そういう警察は世界になかったのです。その後も射たれ続けるなかで、建築用の工具とか巨大な鉄球とかで壁を破壊しながら制圧して行ったので、制圧に一〇日もかかったわけです。

当時、非暴力的な警察、とにかく相手に撃たれ放題の警察は日本だけだったと思います。この七二年二月の浅間山荘事件のテレビ中継の累積視聴率は九八・五％ぐらいだったということですから、ほぼ国民全部が見たわけです。それで、弱いものの味方をするという我々の感性、判官贔屓《はんがんびいき》のセンスで、立て篭もった青年たちにやや肩入れしていたと思います。彼らが警官二人を射殺し、民間人一人を殺してしまっても、その判官贔屓のセンスは崩れませんでした。ところが翌月、彼らが一四人の仲間をリンチで殺害した事実が明らかになった後では、その気分は急激に萎み、深い失望と虚無の中に日本人は沈んでいったのです。

これが七二年の三月ぐらいの情勢でした。先ほど申し上げたように、司馬遼太郎が産経新聞に『坂の上の雲』という日露戦争の小説を書き始めたのは、六八年の春です。当時日露戦争は日本帝国主義の第一の発動であったと歴史界では捉えられがちでした。学生達も実証抜きの気分として、日露戦争は帝国主義の戦争であって大陸侵略の足がかりであった、と捉えていたわけですが、そういう時期に、『坂の上の雲』という日露戦争の小説を書くのには相当な勇気が必要でした。

場合によっては左翼のテロを恐れなければならなかった。そういう危険を顧《かえり》みず、彼はこの小説を執筆し続けた。テロが起らなかった一つの理由は、いわゆる左翼の学生達が心優しかったからでしょう。原理主義化していったのは、その後党派が分裂・分立してからのことです。気弱で心優しい青年たちが、世の中に蔓延する不平等とか格差に対しての焦りや怒りや悲しみを、ただ情緒的に表現していた、それが一九七〇年代前後の実情であったと思います。

そういう左翼学生は、けっこう司馬遼太郎のファンでした。

どういう小説のファンだったかと言いますと、『燃えよ剣』とか『新撰組血風録』です。両者ともテレビドラマ化されて、多くの自称左翼学生が、とくに『燃えよ剣』は毎週、これを見るために早く帰ったりしました。まだビデオがない時代でした。

では『燃えよ剣』がどういう小説で、どういうドラマだったかというと、完全に反革命の物語ですね。土方歳三*が主人公ですが、この人は無口で、強くて、ハンサムという設定で、京都の町で当時の革命派であるところの長州などの脱藩浪士などと戦って斬っていくという話ですから、左翼学生がこういう物語を好むのは理屈にあいません。ぜんぜん彼らの好みに合っていないはずなのに、みんなが好んだのは、物語が遠い昔のことではありますが都会的集団劇で、同時に土方歳三には、鉄の規律のもとに最強の中隊をつくるというはっきりした目的があったからだと思います。大部隊を作るのではなくて、中隊といいますとだいたい一六〇人規模、多くて二〇〇人規模なんですが、新撰組はちょうどそれに当

＊土方歳三（1835-1869年）

ひじかた・としぞう　幕臣。新選組副長。戊辰戦争では各地を転戦、箱館五稜郭防衛戦で戦死。

たります。

戦争でも、第二次大戦までの戦闘単位で最も重要であったのは中隊です。それを土方歳三は作り上げようとした。はっきりとした目的を持った主人公が出てくるという意味では、近代文学として非常に新しかった。そしてそこには「内面」とか、精神的で玄妙な剣術の技とかは入る余地がなかった。そして最後には、宮古湾海戦を経て函館戦争＊に至りそこで土方が死ぬことによって、榎本武揚《えのもとたけあき》、松平太郎などは、新政府に降伏することができた。そういったことも見越した上で土方はあえて戦死をした、という解釈を司馬遼太郎はとっています。

安部公房＊＊の場合は、函館戦争自体、明治革命を完成させるための榎本武揚らの策謀であったと小説で書いています。というのは、一つの革命戦争が終るためには、誰かが犠牲になって死んで、あるいは滅びることで、はっきりと終幕を示す必要がある。その犠牲になったのは会津藩であり、終幕を示したのは五稜郭の落城だった。榎本武揚と革命派が無言のうちに提携してこれを終らせたんだといっておりますが、これも面白い考え方です。

しかし司馬遼太郎の小説の場合は、はっきりとした目的を持った土方歳三の「非文学的行動」と「戦死」、ロマンチックなシチュエーションを合わせ持ち、青年たちはこれを深く愛しながら受け入れていったということでしょう。

＊函館戦争（1868-1869年）
薩摩藩・長州藩らを中核とした新政府軍と、旧幕府勢力および奥羽越列藩同盟が戦った戊辰戦争の最後の戦闘。

＊＊安部公房（1924-1993年）
あべ・こうぼう、小説家、劇作家、演出家。小説『砂の女』、戯曲『榎本武揚』など。

いいかえると一九六〇年代末当時の革命的気分とは、たんにそのような気分にすぎず、「革命」とは関係ない情緒に過ぎなかった。それを、あらかじめ司馬遼太郎は見通していたのかもしれません。

丁度そのころ、司馬遼太郎が『坂の上の雲』の連載中に書いた原稿に、「軽い国家***」というエッセイがあります。

> われわれはこの「軽い国家」というものをどう考えていいのか、そのなかでどう暮らしていいのかよくわからないらしい。東京大学の構内で数多くの小団体が入りみだれてなぐりあっている。国家がそれをながめている。日本史上、これほど軽い国家をもったのはいまがはじめてだし、傍観している国家の物うげな、とまどったような表情は、歴史にのこりうるほどのすばらしさである。
>
> 国家があまりに軽いので学生たちはやるせないのかもしれない。やるせなさのあまりあばれているのか、それともべつな重い国家がほしくてそれを暗闇からひきだしてくるために駄々をこねているのか、このあたりはきわめて心理的な要素がつよく、学生指導家のいうことを読んでみても明快にはわからない。

***「軽い国家」

「読売新聞」大阪版朝刊、1969年1月5日。『司馬遼太郎が考えたこと〈4巻〉—エッセイ 1968.9～1970.2』新潮社（新潮文庫）、2005年刊所収。

一九六〇年代末の空気、学生達の言い分は、国家権力は重たい、国家権力は凶暴であって非常に鉄壁であるということだったのですが、司馬遼太郎はそうは捉えなかった。まったく正反対でした。戦後という時代こそ、日本近代史上で最も国家が軽い時代だ。そうだからこそ、逆に学生たちは、重たい国家、つまり中国共産党のような政府をなんとなく求めてしまったのではないだろうか、と書いています。これもまた当時としては「反革命的」言辞です。しかし、だからといって司馬遼太郎が左翼テロにあったということはありませんでした。学生たちはその発する言葉とは裏腹にやさしかった。というより、たんに自分たちの客観像にはなんら興味はなかったということでしょう。

同時に司馬遼太郎は、江戸封建期、幕藩体制の再評価を明言しています。

我々を悩ませてきたのは、先ほども言ったように、当時の歴史学者たちの考え方でした。彼らは薄弱な根拠をもとに、現代の日本国家は重たい、といってきたし、さらに、日本はアジア的停滞、アジア的専制の下で民衆は塗炭の苦しみを味わっているというふうな物語をこの時代まで、あるいはさらに二〇年ほど後までいう人が多かったのです。これには司馬遼太郎のみならず、みな首をかしげたわけですが、マルクス主義的「発展論」を翻訳して、無理矢理日本にあてはめたものにすぎなかったにしろ、多数派がそちらでしたから直接的な反論はしにくかった。

これに対して梅棹忠夫*が文明の生態史観を提唱しました。梅棹忠夫は、戦時中、中国の張家口の西北研究所というところで、遊牧民の研究をしていた人です。彼は五〇年代の終り頃に、大陸アジアは、遊牧民を中心とした新たな民族が湧き起っては定着した農耕民の文明を壊す、破壊しつくす、それら遊牧民が滅びた後で、また農耕民が文明を作り直す、こういうことの繰り返しに過ぎなかったのではないかと提唱しました。その意味ではヨーロッパも同じで、我々がヨーロッパを崇めたり恐れたりする理由がよくわからないといいました。

ユーラシア大陸の西の端である英国なども、あるいは東の端である日本も、小さな海を一つ隔てているだけで、これらの暴力的な民族の移動と破壊行為から殆ど免れ得た。その意味では、英国と日本はよく似ている。同時に大陸の、このような荒々しい文明破壊行為を恐れる必要はない。逆に、そのように海一つ隔てているだけの日本で、幕藩体制という優れた制度をつくりあげたことを再評価すべきである、ともいいました。この考え方は日本人に大きな刺激を与えました。それまではヨーロッパを崇拝する傾向が強かった日本の思想風土を震撼させたといえます。

ヨーロッパがいいというか、西洋文明が優れているという考えは、だいたい明治後半期に生じましたが、それは日本が産業革命に遅れたからです。江戸時代は産業革命と軍拡が

*梅棹忠夫（1920-2010年）
うめさお・ただお　生態学者、民族学者、情報学者、未来学者。国立民族学博物館初代館長、京都大学名誉教授。

なかった。軍縮のみを行った不思議な二七〇年間でした。軍縮を行ったのは島原の乱以降ですから二三〇年ぐらいだったと思いますが、世界史の中で、完全な軍縮を行いながら平和を維持し得、全国二六〇藩のうち、藩の独自経済と文化をもち得た七〇から八〇藩が緩やかな連邦制を営んでいた、こういう国はほかにありませんでした。

そういう国家経営のもとで平和が維持されたからこそ、一六一五年ぐらいから一七一五年ぐらいまでの一〇〇年間で人口は二倍に伸びました。平和があり、次に物流の手段・海運が発展し商業が活発化する。これに農地の開拓と農業技術の改良がありました。人口を一〇〇年間で二倍にしたという例はない。一五五八年から一六〇三年までのエリザベス一世の時代は英国の黄金時代と言われ、幸運も手伝ってスペイン艦隊を徹底的に撃破して英国が海上覇権を手中におさめましたが、この時代にイングランドは人口が三〇〇万人から五〇〇万人になった。それ以前のイングランドは三〇〇万人位の小国にすぎなかったわけで、そういう小国なのに、チューダー朝のヘンリー八世などがスコットランドやフランスと戦争し、奥さんを五人もとりかえたり大騒ぎをしていたのです。

『坂の上の雲』、その構想の発端

あるとき司馬遼太郎は別の用事で、具体的にいえば、正岡子規*に興味があって松山に行き、子規の生家などを見学しました。そのとき正岡家のすぐ近くに秋山という家があって、その秋山家では、一番上の兄が軍人、騎兵ですけれども、その下の弟が海軍の参謀であったという事実にふと気づきました。弟の秋山真之**と正岡升《のぼる》は幼なじみで大学予備門まで一緒だった間柄だと知ります。これはどうも偶然ではないだろう。久松松平家一五万石の文化がこのような人格、一人は軍人になり、もう一人は文学者となって俳句、和歌などの革新運動を行いながら、全身に食い入った結核菌のために苦しみながら死んでいった人を育てたのだろうと考えました。

松山は賊藩です。戊辰戦争のときは、態度をはっきりしないままに賊軍として土佐に占領されてしまいました。ここに明治国家の面白い構造がある。明治国家というのは、勝ったほうの藩がだいたい役人を占めて政治家になる。負けたほうの藩でも優秀な人の出現率は全国同じですから、有為の青年達は余る。その青年達が何処へ行ったかというと、これも日本社会の融通が利くところなんですが、一つは教育です。もう一つは軍です。さらに

**秋山真之（1868–1918年）
あきやま・さねゆき　海軍軍人。兄・好古（ふるよし　1859–1930年）は日本騎兵の父といわれた陸軍軍人。ともに『坂の上の雲』の主人公。

*正岡子規（1867–1902年）
まさおか・しき　俳人、歌人、国語学研究家。名は常規。幼名は処之助、のちに升と改めた。

一つは文学という新しいジャンルを職業化していったということになります。

この三つの分野を担った中心はすべて賊藩の人々です。あるいは、江戸人というか、直参の子孫です。この人たちは、予備門から東京帝国大学法科大学には進んでも、官僚となるためには、どうしても長州、薩摩、佐賀、土佐の人々に一歩遅れるという事態がしばらくつづきました。

例えば、原敬*も、子規のおじさんといっても八歳しか違いませんが、加藤拓川**も、その友達で後に子規の面倒をずっと見た陸羯南***も、みな賊藩の人々です。原敬は南部、陸羯南は津軽、加藤拓川は松山です。彼らは帝国大学ではなくて司法省法学校に行って、そちらから外交官の道を目指そうとした人々です。しかし優秀でまた反骨精神も強いですから、司法省法学校の校長のやり口が非常に不明朗であるというので、そろって退学してしまった。

そんな彼らにも、革命後の日本社会にはそれなりに仕事の場所があった。原敬は後に新聞記者から政治家になり、陸羯南は小なりといえども「日本新聞」の社長になり、加藤拓川は外交官になりました。司馬遼太郎が有為の青年たちは、江戸時代の藩文化の恩沢を受けながら成長して、明治の世に何事かを成し得たのではないか、と考えたことから『坂の上の雲』が発端したのだと思います。

*原敬（1856-1921年）
はら・たかし　外交官、政治家。1918年に総理大臣に就任、21年に東京駅で刺殺された。

**加藤拓川（1859-1923年）
かとう・たくせん　外交官、政治家。拓川は号。本名は恒忠。子規の妹リツの養子となり正岡家の祭祀を嗣いだ。

一九五〇年代の終り頃、まだ彼が産経新聞の記者だった頃のことです。日本は、谷ごとに文化が違う。あるいは方言が強くて言葉さえ通じ合わないような複雑な地形を持っている。こんな国はない。複雑な地形は必ず複雑な文化を生む。あるいは個性を生む。そういったことに彼は当時から注目していて、飛行機から空撮しながら風土記を書く、そういうシリーズはできないかと提案したことがありました。経費の面で却下されたのですが、それは一五年位のちに実現します。一九七一年始めから「街道をゆく」として別の新聞社の週刊誌で連載されることになります。日本は非常に複雑な地形を持ち、それゆえに複雑な文化を持っている、これを研究しない手はない。そしてそれを日本人の自信の源にしない手はない、ということです。

井上ひさしの『吉里吉里人』****は、地方文化の強調、というか東北の地方文化を自信を持って復活させるという意味では同じ根を持っていると思います。それまで日本人はさかんに日本は狭いと嘆いてきました。狭いのに人が多いことに我々は随分苦しめられてきたのですが、考えてみればこれほど地形が違って南北に細長くて、複雑な文化を幕藩体制のもとに育てた国はありません。

幕藩体制を、我々はどうもドラマの「水戸黄門」の見過ぎで、悪代官と苦しめられる百姓みたいな構図で捉えがちです。悪代官がいるとしてもそこは天領のはずです。天領には

******『吉里吉里人』**（きりきりじん）

新潮社、1981年刊。東北地方の一寒村が日本政府に愛想を尽かし、突如「吉里吉里国」を名乗り独立を宣言する長編小説。

*****陸羯南**（1857-1907年）

くが・かつなん　国民主義の政治評論家。日本新聞社長。羯南は号。本名は実。

原則として無能な代官はいても悪代官はいません。ただの役職ですから。そこで多少の蓄財をしたいという気持ちがあったとしても、あのような情けない農民から搾り取るようなことはしません。藩領よりも幕領の方が税率は安いですから、代官を憎むような気風は天領にはありません。情けないお百姓さんは全員、時代がまったく違う天保の飢饉以降のお百姓さんのイメージです。そのうえ我々にも心当たりがありますけれども、わざとまずしいふりをして税金を負けてもらうという態度は普通のあり方です。

先ほどもいいましたように昭和の歴史学はアジア的停滞、アジア的専制ということを盛んに強調しましたが、司馬遼太郎ははっきりとそれは違うといい、具体的にはその考えは「街道をゆく」をはじめとするシリーズにつながっていきます。また各藩ごとの物語の中に経済的な要素を多く挿入することにもなりました。

彼が日露戦争に興味を抱いたのも五〇年代の終わりに近い頃、やはりまだ産経新聞の記者であった時代でした。日露戦争がちゃんと書かれていない理由を考えるのに非常に情熱を燃やしました。

ある古本屋で、『日露戦史』*を買ってみた。これは陸軍省戦史課が作った本です。浩瀚《こうかん》な本ですが非常に安く買えた。読んでみたら、文章はわかっても意味が全然通らない。これは何故か。ここに日露戦史や日露戦争を題材にした小説が書かれない理由があるのではな

*『日露戦史』
日露戦史編輯部編、博文館、1906年刊。

いかと考えた。

どうも日露戦争後に、実戦で失敗した司令官や参謀が、その失敗は書かないでくれと戦史課に頼みにきたようです。武士の情けだから書くのを止めてくれと。多少の手柄を立てた人は、もっと華やかに書いてくれと。上手《うま》くいけば男爵になれるんだから、と圧力をかけにくる。そうしたことが交錯して断り切れない。そのためにこの日露戦史は意味不明の本になってしまったのですが、戦史をちゃんと書けない国に戦争はできません。

なぜ第二次大戦が上手く行かなかったのか、日華事変が上手く行かなかったか。その遠因はここにあります。勝ち戦だから多少誇大に書いてもいいだろう、あるいは歪めてもいいだろうと戦史課が考えたとしたら大きな間違いです。勝ち戦とは言っても相撲でいえば一四日目までで七勝七敗、千秋楽に相手が勝手に転んでようやく八勝七敗で勝ち越したくらいのところでした。ロシアにしてみれば戦地が遠くてもともと不利な戦さでしたが、全力が尽きて戦争をやめたかったのは日本の方です。軍がまずやめたいという。政治家もそれに強く賛成する。国民だけが反対したのですが、これは非常に不思議なことで、そののちの日本社会の変質を招いたものは、実は日露戦争勝利後の日比谷暴動**でした。

当時の常識では、戦争に勝ったとなれば領土と賠償金が取れるはずなのに、なぜ領土は南樺太のみなのか。しかも南樺太は江戸時代からどちらの領土か分らず、ロシア人と日本

**日比谷暴動（1905年）

9月5日、東京の日比谷公園で行われた日露戦争の講和条約ポーツマス条約に反対する国民集会をきっかけに焼き討ちが発生した暴動事件。

人と現地人の混住地でしたから、領土獲得とはとてもいえない。そして賠償金は一切とれない。

例えば市電です。当時の路面電車の値段一律三銭だったのが、戦争協力のために四銭になった、いまのお金にして三百円が四百円になった。この国民負担に耐えなければ日本全土がロシアの領土になるとは大袈裟《おおげさ》であっても、対馬は取られる。関門海峡にはロシア軍が常駐する。そうなれば日本海は日本の海ではなくなる。こういう強い危機感が国民全体に共有され、国民と軍と政治はほぼ一体化していたわけです。ですから国民国家の頂点は、実は明治三八（一九〇五）年五月二七日の日本海大海戦の日だったといえます。ところが、勝ってからがどうも上手くない。

領土も賠償金も取れないのは不満だと最初に主張したのは新聞です。特に東京朝日新聞は、戦争を継続せよ、と強くいいました。国民がこれに反応して日比谷暴動を起し、交番とこれに反対する国民新聞社を攻撃し、電車を燃やしました。電車を燃やしたのは人力車夫が電車の延伸のせいで仕事を失ったからです。明治三六年に敷設した電車がもの凄い勢いで東京市内を縦横に巡るようになり、この当時でも総延長一五〇キロメートルにもおよび、人力車の需要は激減しました。

客運業者は、インドや東南アジアに行くとわかりますが、非常に辛い労働をしながら生活をぎりぎりに支えています。明治初年の東京、人口がまだ一五〇万人だった時代に六万台の人力車がいて、そのうちの半分が稼働していたといいますから、もともと客の奪い合いでした。それが明治三八年には爆発し、以後、国民、軍、政治の意識は乖離して行ったといえます。

もっとも戦闘的で攻撃的だったのは東京市民でした。もう一回戦争をやって、今度はイルクーツクまでを取ろう、と叫んだのですが、これは冗談ではなかった。戦時中に苦しんだことの反動でもありましょう。我々はよく、市民は正しいとか国民は基本を誤らないといいますが、必ずしもそうではない。さまざまな条件が加わった時には、民主主義によって、また投票によって、ナチスを第一党にすることもできるということです。我々は、そういう事実をいつも肝に銘じておかなければならないと思います。

「地図」の文学化

この役に立ちそうもない『日露戦争史』で司馬遼太郎が注目したのは、付されている戦闘図、あるいは作戦の経過図でした。何千ページものうちに七、八〇枚付いていて、これを丁寧に読んだのです。

付図に嘘はない。作戦の経過と作戦の展開ですから、勲章がほしい人も爵位がほしい人もこれには文句のつけようがなかった。司馬遼太郎は『日露戦争史』の本文は参考にせずに、付図を丁寧に読み込んで、それを小説化しようと考えました。

人は普通、文学と言うと、情緒とか自我とかあるいは内面とかを思うようですが、司馬遼太郎はそうではなかった。事実を調査すること、そしてその事実関係の厳密さを極めること、その上で、人に読んでもらえるような物語に作っていくこと、これが彼の方法でした。つまり「地図」の文学化です。

今でも学校教育の悪い影響でしょうか、情緒とか内面とか、あるいは苦悩とかだけが文学の対象だという考えが流布しすぎて、事実事象の物語化という文学の根本が忘れられがちです。村上春樹の小説なども明らかに地図の文学化の流れを汲みます。場所がはっきりしている。そこへの行き方がはっきりわかる。そこがどのような場所であるか厳密に描かれている。

地図の文学化といえば、『坂の上の雲』のほかに大岡昇平*の『俘虜記』、『レイテ戦記』などが思い起こされます。そこでは地図が主人公です。大岡昇平の情熱は、レイテ戦で兵隊たちがどの場所で死んだのかを厳密に特定するということに注がれました。

さらに話は意外な方向に行きますが、例えば、太宰治**という人は、自意識が強く、自分

*大岡昇平（1909-1988年）
おおおか・しょうへい　小説家、評論家、フランス文学の翻訳家・研究者。

**太宰治（1909-1948年）
だざい・おさむ　小説家。山崎富栄と共に玉川上水で入水自殺。

が大好きなナルちゃんで、またその反作用として、自分がいかにダメだったかを自慢する人でしたが、小説は上手かった。彼の作品の中で地図の文学と言えるのは『津軽』という作品です。戦時中の昭和一七（一九四二）年ですが、彼は実は食料調達というか、食べるために故郷の青森を旅行します。友達を訪ねて、食べさせ飲ませてもらいながら、津軽半島を一周するお話です。その途中で、もうお婆さんになっていましたけれども、昔自分を子守してくれた女性と小泊で再会したりします。太宰という人はちょっと癖はあるけれども良い人だな、と思わせるような描写がたくさんあります。

『津軽』がなぜ面白いかというと、津軽の地形地図をちゃんと背景に持っていて、どのように主人公（語り手）が動いたかがはっきりわかるからです。こういう文学の伝統が「土佐日記」であれ「奥の細道」であれ、たしかに日本文学にはあるのだと認識する必要があろうかと思います。

『坂の上の雲』がよくできた小説かどうかというと、日本近代文学的に考えると必ずしもそうはいえない。破綻《はたん》があるという言い方は酷ですが、作者自身も悩みながら書き進んでいった、それをかなりあからさまに告白しつつ書いた、まったく新しい小説です。戦争の記録と群像劇の青春小説を同時に描こうとした。またそこに政治小説の側面も持たせようとした、非常に野心的な試みでした。

『坂の上の雲』は、松山の町で正岡家のすぐ近くに秋山家があったという発見から出発しましたから、子規が主人公の一人となった。しかし、子規は明治三五（一九〇二）年の九月に死んでしまいます。まだ戦争は起っていません。戦争は明治三七年の二月からですから、一年半ぐらい戦争までの時間があるのに、主人公の一人が死んでしまう。普通だったら小説構成上の失敗と評価されてしまうかもしれない。

実際に、『坂の上の雲』のだいたい三巻目ぐらいで、作者自身が戸惑いを書いています。

この小説をどう書こうかということを、まだ悩んでいる。

子規は、死んだ。

好古と真之は、やがて日露戦争のなかに入ってゆくであろう。

できることならかれらをたえず軸にしながら日露戦争そのものをえがいてゆきたいが、しかし対象は漠然として大きく、そういうものを十分にとらえることができるほど、小説というものは便利なものではない。

（『坂の上の雲』単行版第二巻一七五頁、文庫版第三巻三九頁）

非常に正直ですね。しかし作者は子規を取り入れたことを失敗だとは思っていない。子規が新たな書き言葉の日本語を開発し、それは今につながっています。もう我々は漢文調の、決まりきった一見かっこいい書き方はしませんが、それは子規に始まります。子規の業績は、彼が俳句や和歌を新しくしたということですが、彼は俳句や和歌の宗匠ではなかった。彼は野球チームのように、根岸俳句会や根岸短歌会を組織した。詠まれた作品を、その場にいる人たちが投票して一番いいものを決めて行く。自分はそこにコメントを加えるだけです。もちろん子規の作品も、投票の対象になって、かなりの頻度で落ちます。

野球というゲームを、彼はそれが日本に入ってきてそれほど間なしに、大好きになりましたが、九人が集って一つの球を見つめながらゲームを進行させるところに感銘を受けたのでしょう。だれもがよそ見をしたり、雑談をしたりしない。一つの球が中心にあって、その球の行方を追うことによって緊張した物語としてのゲームが生まれていく。その構造を、子規はそのまま俳句と短歌、その制作と批評に応用したのだといえます。

一つの俳句をじっと全員がみつめる。野球のボールのように。また強打者と打てないバッターの違いはあるにしても、誰もがチームの一員です。そして子規自身は専制的な監督ではなくプレイングマネージャーです。このように表われた子規の「親分欲」が、日本語と日本の文芸を変えたのだと思います。

「日英同盟」の意味と漱石文学

子規の友達の漱石*を主人公の一人に加えればよかったではないかとも考えられます。そうすると主人公のひとりは日露戦争を超えて生きることになります。といっても大正五(一九一六)年四九歳で亡くなってしまいますが。重要なのは、明治三五(一九〇二)年の日英同盟**が結ばれた現場ロンドンにいたということでしょう。

漱石が留学したとき、彼は白人国家に圧倒されたのではなくて、資本主義の先端的現状に圧倒されたのですね。どういうことかというと、ロンドンで漱石がまず感じたのは空気の悪さです。太陽が見えない。見えたとしても黄色く滲んでいる。これは石炭の粉塵のせいです。現在の北京よりも酷かった。産業革命の結果です。

次に物価高です。漱石が文部省から留学生としてもらったお金は月に一五〇円です。今の購買力平価でならしてみるとだいたい一八〇万円位だと思います。一八〇万円でロンドンで一月暮らすのは、多少物価高でも楽勝だろうと現代人は思いますが、実は下宿代だけでとんでしまう額でした。下宿は朝夕の食事つきですが高い。最初の下宿は下宿代だけで月一五〇万円でした。それに音を上げて引っ越すと八〇万円ぐらいになりましたが、それ

*夏目漱石(1867-1916年)
なつめ・そうせき 小説家、評論家、英文学者。

**日英同盟(1902-1923年)
日本とイギリスとの間の軍事同盟。

でも支給額の半分以上が下宿代で消えてしまう。

物価高の原因はポンドは不当に強く円は不当に弱かった。それが二〇世紀初めの世界の実情です。産業資本主義では遅れをとっている日本ですが、実は世界初の先物取引なども一六〇〇年代の終りぐらいから始めていて商業資本主義は世界の最先端といえるまで成熟していたのですが、軍備の増強と産業革命は行われなかった。

こんな状況に苦しんだ漱石が懐かしんだものは、司馬遼太郎のように江戸幕藩制です。革命などするのではなかった。「世界」に参加するのではなかった。しかし事ここに至っては、この道を歩むしかない。たとえ公害だらけであっても、死ぬほどの物価高であっても、経済に翻弄された「さびしい人々」ばかりの世になるのだとしても、日本が進んで行く道は、この産業資本主義の道しかないと漱石は強く認識したのです。漱石が帰国してから書いた作品はほとんどが経済小説です。経済関係が人間の関係を決めるといっている小説、すなわち現代小説ですが、社会の構造になんら変化はないから今でも愛されるのです。いいかえれば、日本社会はこの一〇〇年あまり変化していない。

漱石の下宿移りのうちの一回は、破産した下宿屋一家の夜逃げに同行したのでした。なぜ破産したかというと、その下宿は昔ある女学校の寄宿舎でした。おばあさん姉妹が経営していた女学校そのものが潰《つぶ》れて下宿屋に変わったのだけれども、女学校時代の負債が返せず夜逃げをせざるを得なくなった。そのとき経営者のおばあさんが、あなたも一緒についていて来てくださいますね、と漱石に言った。つまり漱石は「動産」と見なされたのですね。

夜逃げの前に漱石はいろいろ下宿を探したのです。しかし何しろ物価高です。「下宿求む」と新聞に出せば必ず返事は来るのですが、回りをピンクで縁取ったような封筒の中に、ジェントルマンの高尚なサロンのごときボーディングハウスと書かれていたり、やっぱり現在の物価で月に一五〇万円ぐらいするわけです。それであきらめて動産としてくっついて行ったそのてんまつを子規と虚子の『ホトトギス』*に書き送ったのが「倫敦《ロンドン》通信」です。

これは非常に面白い。漱石が先端的な資本主義をどのように考えていたか、ユーモアを保ちながらも日本の前途を悲観していたことがわかる。日本もロンドンのようになるに違いない。実際なりましたね。なったからといって悲劇だけではありませんが。生き馬の目を抜くとはこういうことでしょう。その昔女学校を経営していたおばあさん姉妹もまた、やっぱりそのような世の中で自活して生きていかなければならないし、自活の結果として夜逃げもしなければならない。そういう産業資本制の世のありかたを、漱石は体感し、それが悪いとはいってないが、日本もそうなるだろうと考えた。この人を主人公の一人として置くのも非常に面白いことですけれども、小説にちょっと別のトーンが加わって来ざるを得ない。

*『ホトトギス』
1897年創刊の俳句雑誌。夏目漱石は『吾輩は猫である』、『坊っちゃん』をここに発表した。

漱石がロンドンにいた時代の最後に近いほうですが、日英同盟が結ばれる。日本にいれば、東京でも月に七〇円で一家が普通の暮らしをなんとか営めるのに、向こうに行くと一人暮らしで一五〇円でも足りない。そのような格差があるにもかかわらず、なぜ日英同盟が結ばれたか。そういうことを考えるのが、『坂の上の雲』を読む楽しみの一つに通じると思います。

「海上覇権国」の困難

当時の英国は、世界のすべての海にだいたい三七隻の戦艦と、もうちょっと小さいですが速度を優先した装甲巡洋艦、あわせて合計五〇隻遊弋《ゆうよく》させていました。つまり世界の警察。今のアメリカ海軍みたいでした。

しかし海軍というのはものすごくお金がかかる。極東海域でロシアに対して警戒を怠らないためには、英国は四隻の戦艦と二隻の重巡洋艦をつねに配備しなければならない。ロシアはウラジオと旅順に二つ基地を持ち、やっぱり合計六隻の戦艦と装甲巡洋艦を配備していた。これに兵力的には薄弱だけれども、フランスがロシア側に立って二隻を送った。露仏協商です。そうこうするうち、さらにロシアが一隻ずつ増強しましたので、極東海域では露仏協商側が優勢となってパワーバランスが崩れた。しかし英国といえど、さらに兵力増強する経済力はない。そんなとき、明治三四（一九〇一）年、初瀬や三笠をはじめとした日本海軍が戦艦六隻、装甲巡洋艦六隻の六六艦隊を完成させた。このとき常備艦隊と西海艦隊をあわせてひとつにしたので連合艦隊といいます。

英国にしてみれば、世界の海に五〇隻配置したうえに、さらに増強しなければならない負担から逃れるための日英同盟なんです。連合艦隊に極東海域の責任を分け持ってもらうことができるならば、英国としてはものすごく楽になる。単に友情とか義侠心とかで安保条約を結ぶことはありません。日本が相当な無理をして増税をはかり、国民もそれに耐えながら連合艦隊を組織したことによって日英同盟は結ばれた。

もう一つ日英同盟の大きな利点がありました。日英同盟には、露日が戦争する場合、英が日本側として参戦するとは書いてありません。そういう同盟ではない。露日の二国間戦争の時はそのまま二国で戦う。ただし第三国、この場合はフランスがロシアに味方をして参戦するならば、そのときは英国も日本側で参戦する。日英同盟の根幹は二国間戦争に抑えるということです。三国参加以上の戦争になったとき、それは世界大戦になりかねませんから、これを防止するということです。

では二国間戦争に限定した場合はどうなるか。世界戦争ではありませんから世界の他の有力国は中立なわけで、中立国からは観戦武官を招くことができるのです。それから従軍記者を招くこともことができる。観戦武官というのは当時の制度で、第三国の有力な海軍と陸軍の武官が、戦争を見に来る。そのときに日本は、日本軍はフェアな戦いをしているというアピールできる。従軍記者に対しても同じことです。

日露戦争は結局広報の戦いであったとご承知おきください。戦争は鉄と鉄の戦いだけではなかった。より重要だったのは広報の戦いです。

ロシアと違って日本は、ごく一部を除いて観戦武官に見せました。外国人の従軍記者もそれなりに厚遇しました。つまり、世界的に影響力のある新聞に好意的に書かれる事によって、ロンドンやニューヨークで日本の公債が売れる。わが国はこれからもずっと戦争をしないという方向で行くのですが、その場合でも広報の戦いは続けなければならない。それを忘れると、日中戦争以降の日本軍と同じになってしまうでしょう。

二国間戦争は「広報」戦争

実は、『坂の上の雲』にも、非常に微妙なところがあります。それは乃木希典*の扱いです。

乃木希典はご承知のように、詩人であり、陽明学徒であり、あまり有能ではない指揮官で

*乃木希典（1849-1912年）
のぎ・まれすけ　陸軍軍人、教育者。日露戦争で旅順攻城戦を指揮。明治天皇の後を慕って殉死。

あり、武士の精神を持った人でした。

この乃木希典を司馬遼太郎は好きなのか嫌いなのかわからないような書き方をしています。どちらかというと無能だから嫌いというトーンですけれども、完全には嫌いになれないという書き方をしている。司馬遼太郎がスタイリストを嫌いだということはいえるでしょう。同時代的にも司馬遼太郎はスタイリスト、自意識の強すぎる人とか、そういう原稿を書く作家をそれほど好みませんでした。

私なども乃木希典の漢詩を、漢文の教科書に出ていたのだったか、読んだことがあります。

「山川《さんせん》草木《そうもく》転《うたた》荒涼《こうりょう》、十里《じゅうり》風《かぜ》腥《なまぐさし》新戦場《しんせんじょう》」

これは日露戦争の初期の金州の戦い、まだ旅順戦以前ですが、その攻防戦の跡に立った乃木の感想をあらわした絶句です。最後が「金州城外立斜陽《きんしゅうじょうがいしゃようにたつ》」で終りますが、司馬遼太郎はこのあたりが気に入らないようです。斜陽、つまり傾きかけた光の中に立っている「私」、突然、近代文学の太宰治的なものが出てくる。こういうセンスを好きではなかったと思います。

旅順戦で乃木第三軍は膨大な死者を出しました。死傷六万。ということは三個師団、すなわち一つの軍団が消滅したのと同じです。乃木に同情すべきなのは、日本陸軍はもともと外征軍としてつくられなかったから外征の準備はない。さらに攻城戦の準備と経験がない。最初は要塞攻撃するつもりはなく、旅順港内のロシア海軍は、湾口を封鎖すればそれで済むだろうと考えていました。しかしバルチック艦隊の編成と東航が実行されると必ずしもそれで済まないとわかって、攻略を乃木軍の第三軍が担任することになったのです。

しかし攻撃するにも要塞の地図がない。広報と同じくらい必要なのが情報の採集です。それができていないから、どこにどれくらい大砲があるか機関銃があるかわからない。となると、乃木軍が最初にやらなければいけなかったことは威力偵察です。攻撃を仕掛けてみて、敵の反応によって砲台と銃座のありかを知る。駆り出された兵隊はたまりませんが、これしか道はなかったのです。第一回の総攻撃は威力偵察の最も規模の大きなものだったので、犠牲も当然大きかった。遥か以前からスパイなどを派遣しながら、旅順要塞の構造と銃座の場所を把握しておかなければならなかったのに、これができていなかった。

今でもそうですね。我々に足りないのは情報です。情報不足の代償を人命の犠牲で払うことになる。乃木軍は確かにもの凄い損害を被ったのですが、その原因は必ずしも乃木さんが無能だったせいだけではない。人の命で地図をつくっていったということになるわけで、これは同情すべき点かもしれません。

ではは乃木さんの手柄とは何かというと、「旅順開城約なりて。敵の将軍ステッセル」という歌がありました。もう今は誰も覚えていないでしょうけれども、歌人で早稲田大学名誉教授の佐佐木幸綱さんの祖父、佐佐木信綱さんが作られた旅順開城の歌です。

「旅順開城約成《やくな》りて／敵の将軍ステッセル／乃木大将と会見の／所はいずこ水師営」
「庭に一本棗《ひともとなつめ》の木／弾丸あともいちじるく／くずれ残れる民屋《みんおく》に／今ぞ相《あい》見る二将軍」

ステッセルが降伏を申し出て、水師営で会見をしたときの光景を歌ったものです。

このとき、先ほども申し上げた世界中の従軍記者がたくさんやってきた。しかし写真は一枚だけに限られた。それも、ロシア軍のステッセル以下の幕僚は全員着剣をしていました。本来なら、降伏した方は剣を鞘から抜いて相手に差し出して降伏の意を示すのが世界的な慣わしですが、乃木は帯剣を許したままステッセル以下の幕僚と会いました。そしてあえて記念写真では、日露両国軍人がばらけて並んだ写真を一枚だけ許した。この写真を見るかぎり、どっちが勝ったのか負けたのかわからない。それが乃木の意図したところなんでしょうね。日本は武士道を重んじてフェアであると。ステッセルが旅順城を去るまでの間、乃木は日章旗を旅順に掲げさせなかったのも、同じ精神からでした。

アメリカ人のウォッシュバーンという従軍記者が、乃木にくっついたまま離れず、日本軍のフェアネスぶりを、乃木を主人公に世界に報道した。その結果、日本のフェアネスは広く知られ、ニューヨークやロンドンで日本の公債は売れた。それで日本は戦争継続がき

***大塩平八郎**（1793-1837 年）
おおしお・へいはちろう　儒学者、大坂町奉行組与力。大塩平八郎の乱を起こした。乱の後逃亡したが、最終的には自決。

****三島由紀夫**（1925-1970 年）
みしま・ゆきお　小説家、劇作家、随筆家、評論家、政治活動家、皇国主義者。自衛隊市ヶ谷駐屯地でクーデターを促す演説をした後割腹自殺。

わどく可能になった。その意味では、乃木将軍は、戦争の広報に大きく貢献しました。

しかし司馬遼太郎は陽明学徒が嫌いなんです。「知行合一」思ったことは実行しなければそれは思想とはいえない、と考えるのが陽明学の特徴です。日本で一番古い陽明学徒が山鹿素行《やまがそこう》であり、山鹿素行の直接の弟子の大石内蔵助《おおいしくらのすけ》です。だから赤穂事件には陽明学的な匂いもする。もっとも有名なのが大塩平八郎*です。これも思想即行動の考えで養った短気を爆発させて、大阪の町を焼いてしまいました。

私たちが近年もっともなじんだ陽明学徒は三島由紀夫**です。司馬さんは三島さんが嫌いではなかったし、作品は評価していたのですが、この陽明学的な事件に関しては非常に批評的でした。司馬遼太郎は乃木希典をはじめとする陽明学徒つまり思想信条を全面に押し出して行動し、それが人生そのものであるかのように振る舞う人を嫌いました。

そのわりに乃木に対しては複雑な愛情がある。さらに、吉田松陰***も陽明学的な人でしたが、この人を主人公に小説を書いている。長岡藩の河井継之助****も陽明学徒の短気な人です。三島さんもそうだったかもしれません。しかし河井継之助も、『峠』という小説に書いている。このへんは謎です。彼は、陽明学は嫌いだと言っている。思想信条を表に出して実行する人を嫌いだと言っている。なのに、そういう人を主人公にした小説をけっこう書いている。

***吉田松陰（1830-1859年）
よしだ・しょういん　長州藩士、思想家、教育者。山鹿流兵学師範。安政の大獄に連座し斬首刑死。

****河井継之助（1827-1868年）
かわい・つぎのすけ　長岡藩士。戊辰戦争勃発で家老に就任、軍事総督を任命される。北越戦争で戦死。

三島さんが亡くなったのはちょうど『坂の上の雲』連載中の七〇年の一一月でした。六〇年代あるいは七〇年代前半の日本社会の複雑な動きの中に司馬遼太郎は自ら身を置いて、アジア的停滞とかアジア的専制といった言葉を一回も使わずに、ひとごとではなく、それは我々の物語であり、我々の歴史であるという態度を崩さずに小説を書いてきたのです。

一九六〇年代の司馬遼太郎は勇敢だったと思います。その後、勇敢でなくなったということではありません。ただ、この時代にこの作品を書いたということは、相当な力量と勇気を必要とした、それを我々は忘れてはならないといいたいのです。

今の時代では当たり前と考えられることを当たり前にしたのは、司馬遼太郎の『坂の上の雲』です。私たちは、世の趨勢《すうせい》とか思想の流行とかに惑わされてはならない。一回立ち止まって、自分が考える。自分の頭で考える。そうしながら作品を読む。そういうことをも、一九六〇年代の司馬遼太郎は教えていると私は思います。

わが人生の内なる師、宮沢賢治と浜田広介

宮沢賢治
みやざわ・けんじ
一八九六—一九三三年。詩人、童話作家。生前はほぼ無名だった。

浜田広介
はまだ・ひろすけ
一八九三—一九七三年。童話作家。日本児童文芸家協会初代理事長。

星　寛治
ほし・かんじ
一九三五年生まれ。農業家、詩人、評論家。高畠町有機農業研究会リーダーとして長年農業指導を続ける。

二〇一五年の冬は、記録的な豪雪と、氷点下一〇度を割り込む厳しい寒さに見舞われました。私は昨年秋から体調を崩し、養生の日々を過ごしておりましたが、四月になるとさしもの大雪も溶けて、土が匂い立ってきました。季節の巡りと共に、老農の血がさわぎ、冬眠から醒めたやせた熊のように動き出しました。

今日、私に与えられたテーマは、東北の生んだ二人の天才、宮沢賢治と浜田広介の作品と精神世界の深井戸から汲み取ったものは何なのか。その魂を一介の農民に過ぎぬ私の人生にどう生かしてきたのかを問うことだと思えます。そして、変転きわまりない世相にあって、地域の明日をどう描けばいいかを考える道標《みちしるべ》にしたいと思います。

宮沢賢治の詩と童話を愛読

あの未曾有の災渦をもたらした東日本大震災から四年一か月が経ちました。奇しくも宮沢賢治が生まれた一八九六年、明治二九年は、三陸大津波が襲いました。そして、波乱にみちた三七年の生涯を閉じた一九三三年、昭和八年もまた、激しい津波が三陸沿岸を洗ったのでした。その運命的ともいえる時空の中で、完全燃焼を遂げ、後世にぼう大な文化遺産を残した巨人の全貌をとらえることなど望むべくもありません。そこで九牛の一毛をなでるように、賢治の農の営みとその理念に焦点を絞り、不滅の足跡をたどってみようと思います。

私は、若い頃から宮沢賢治の詩や童話を愛読し、その世界観に引き込まれてきました。そして賢治のふるさと花巻市に何度も足を運び、ゆかりの場所や記念館などに赴き、その生涯と作品を体感したいと願ってきました。とりわけ〝農民芸術概論綱要〟には、若き賢治の理想と志があふれ、その核心を成すフレーズに接するだけで胸が熱くなりました。その序論の部分を少し繙《ひもと》きますと、極だった思想の輪郭が浮かんでまいります。

「おれたちはみな農民である。ずい分忙しく仕事もつらい。もっと明るく生き生きと生活する道を見付けたい。」

「芸術をもて灰色の労仂を燃せ。」

「ここにわれら不断の潔く楽しい創造がある。」

「都人よ、来たつてわれらに交われ」と呼びかけて、

「労仂がそのまま舞踊《ぶよう》となる世界」を示しました。さらに、

「新たな時代は、世界が一つの意識になり、生物になる方向にある」と明言しました。

今から八〇有余年も前に、共生の思想を掲げたその先見性は驚くばかりです。

今日、激しい競争を強いるグローバリズムの潮流に呑まれ、益々社会格差が広がる状況

にあって、自然との共生こそが永続する世の理法《ことわり》だとする野の師父の主張に、改めて耳を傾けなければなりません。
たとえば「林と思想」という詩や、二五歳で書いた「狼森《おいのもり》と笊森《ざるもり》、盗森《ぬすともり》」という童話には、象徴的にその理念が表現されております。

林と思想

そら、ね、ごらん
むかふに霧にぬれてゐる
蕈《きのこ》のかたちのちいさな林があるだらう
あすこのところへ
わたしのかんがへが
ずいぶんはやく流れて行つて
みんな
溶け込んでゐるのだよ
　ここいらはふきの花でいつぱいだ

また、「狼森と笊森、盗森」の童話の導入部分だけ取り出してみますと、そこは岩手山の麓、今の小岩井牧場のあたりとおぼしき森に、四人の百姓が家族と一緒にやってきます。彼らは、その場所がいたく気に入って、できれば開拓したいと考えました。


そこで四人の男たちは、てんでにすきな方へ向いて、声を揃へて叫びました。

「ここへ畑起してもいいかあ。」

「いいぞお。」 森が一斉にこたへました。

みんなは又叫びました。

「ここに家建ててもいいかあ。」

「ようし。」 森は一ぺんにこたへました。

みんなはまた声をそろへてたづねました。

「ここで火たいてもいいかあ。」

「いいぞお。」 森は一ぺんにこたへました。

みんなはまた叫びました。

「すこし木貰つてもいいかあ。」

「ようし。」 森は一斉にこたへました。

男たちはよろこんで手をたたき、さつきから顔色を変へて、しんとして居た女やこどもらは、にはかにはしやぎだして、子供らは　うれしまぎれに喧嘩をしたり、女たちはその子をぽかぽか撲《なぐ》つたりしました。
その日、晩方までには、もう萱をかぶせた小さな丸太の小屋が出来てゐました。

次の日から、百姓たちは腰を落ちつけて開墾に取りかかります。

そこでは、人間の身勝手な都合で、大規模な自然破壊をすることをいさめているのです。その延長の所で、賢治は、〝野の福祉〟という、当時誰も考えていなかった自然の側からの権利を認識していたのでした。賢治研究家の吉見正信氏は、一九七〇年代のアメリカで、漸く提唱されるようになった「自然の権利」の概念を、半世紀も早く提起した、その先見性に注目しております。

本統の百姓になろうとした夢

ただ、私が最も引きつけられるのは、「本統の百姓になろう」と決意して、花巻農学校の教師を辞め、自炊独居の農民生活に入ってからの生き方です。花巻市下《しも》根《ね》子桜《こさくら》の宮沢家別宅に、〝羅須地人協会《らすちじん》〟*という農民塾を立ち上げ、教え子や村の若者たちに、土壌学や生物学、芸術論などを講義しました。昼間は二反四畝（二四アール）の畑を耕し、野菜や穀物をつくり、夜は若い農民たちとレコードを聴き、セロを弾き、詩を書いたといいます。農業と芸術文化の融合を求めて、賢治の内面が最も高揚し、輝き、充実した時期といえましょう。

私は、何度か「羅須人協会」の跡地を訪ねましたが、やや高台の松と杉林に囲まれた家屋の居間には、黒板が架けられていて、「下ノ畑ニ居マス」とチョークで書かれてありました。しばらく佇んでいると往時の風がわき立つ思いにかられました。

私たちが、一九九〇年に創設した「たかはた共生塾」は、羅須人協会からヒントを頂き、その理念と実践を現代に活かしたいという願いを以って出発いたしました。以来、生命《いのち》と環境を何より大事にする生き方と社会像を求めて四半世紀、開かれた学びの場をつくってきました。地域住民だけでなく、広く都市々民や学生に呼びかけ、「まほろばの里農学校」を開校し、農的体験を通した人間交流を続けてまいりました。賢治が、「都人よ　来《きた》つてわれらに交われ」と言ったその思いを地でいきたいと願ったわけです。共生塾の息の長い取り組みの中から、〝文化としての農の意味〟を摑むことができたと思います。そして、「新しい田園文化社会」の創造をめざして、様々な切り口から挑戦《チャレンジ》しているところです。

*羅須地人協会
1926（大正15）年に宮沢賢治が設立した私塾。

八八年も前に賢治の描いた「労伪がそのまま舞踊となる」世界は、まさに人間の理想ですが、その境地に一歩でも近づくには、基本的な価値観の転換と、その時代の求めるテーマ性や、方法論の深化が必要だと思われます。

賢治が本統の百姓になろうとして創設した舞台〝羅須地人協会〟は、当時の社会環境の逆流に伴う風圧を受け、二年八か月という短い期間で座礁に追い込まれます。「春と修羅」に刻んだ人間賢治の苦悩の表白に、深い悲しみと怒りが込められています。「いかりのにがさまた青さ／四月の気層のひかりの底を／唾《つば》し、はぎしりゆききする／おれはひとりの修羅なのだ」という一節は、この時の詩人の思いを痛切に映し出しています。

宮沢賢治の世界に憧れ、一〇年前に東京の大手出版社を早期退職して、岩手県奥州市に移り住んだ私の友人日高見猫十さんが、『北の文学』誌六八号に寄せた論稿「宮澤賢治の昭和三年―『本統の百姓になる』夢の蹉跌」という文章に触れて、改めてその背景を理解することができました。その頃すでに昭和経済恐慌とファシズムの足音が迫ってきていたのです。

その無念さを埋めるかのように、賢治のエネルギーは、冷害と凶作に喘ぐ大勢の農民の苦境を救うために注がれていきます。火山灰の酸性土壌を改良するために石灰工場で働き、併せて無償で稲作の肥料設計に取り組みました。その数二〇〇〇枚にのぼったといわれています。

一九二八（昭和三）年に、石鳥谷町に開設した肥料相談所には、ひきも切らず稗貫郡一円の農家が詰めかけたといわれます。賢治先生の合理的な技術指導に対する期待のほどを伺わせます。ただ、自らの体調を省みず、東奔西走、現場を確認しながらの農民奉仕を続けますが、そこにも天候相手の農業の宿命が付きまといます。実際に昭和三年は大干魃に見舞われ、昭和六年は冷害と台風で凶作に終ったと記録されています。献身的な活動で無理がたたった賢治は、肺浸潤と診断され、療養を余儀なくされるのですが、そうした中で、「稲作挿話」の一連の詩が生まれます。

「あすこの田はねえ／あの種類では窒素があんまり多過ぎるから／もうきつぱりと灌水《みず》を切つてね／三番除草はしないんだ（中略）君が自分でかんがへた／あの田もすつかり見てきたよ／陸羽一三二号のはうね／あれはずゐぶん上手に行つた／肥えも少しもむらがないし／いかにも強く育つている／（中略）反当三石二斗ならもうきまつたと云つていい（中略）／きみのようにさ／吹雪やわづかの仕事のひまに／泣きながら／からだに刻んで行く勉強が／まもなくぐんぐん強い芽を噴いて／どこまでのびる

かわからない／それがこれからの学問のはじまりなんだ／
……雲からも風からも／透明な力が／そのこどもに／うつれ……」

しばらく不本意な養生の日々にあっても、賢治には肥料設計したそれぞれの田んぼの稲の表情が見えてきて、若い農民を励ます教育力が発揮されます。

そこには、名作童話「グスコーブドリの伝記」の主人公のように、わが身を省みず、多くの人々を救おうとする利他《りた》の魂が脈打っているのです。科学的な合理性と、宗教的精神性が融合する固有の世界といえましょう。

その後も、悪化する病状と闘いながら、仕事や創作を続け、旅に出て、思索し、信仰を深めつつ、宮沢賢治は昭和八年九月二一日、三七年の鮮烈な生涯を閉じたのでした。

「方十里　稗貫のみかも稲熟れて　み祭三日
そらはれわたる」
「病《いたつき》のゆゑにもくちんいのちなり
みのりに棄てばうれしからまし」

いまわの際に詠んだ絶筆の二首が、豊作を寿ぐ歌であることに、深い感慨を覚えずにはおれません。

「雨ニモ負ケズ」の未来性

賢治没後、手帳に記《しる》されていた「雨ニモ負ケズ」が注目を浴び、やがて国民的な詩として愛唱されるようになりました。そこに込められたものは、一人の天才が晩年に到達した悟りの境地を表すばかりでなく、後に続くすべての人々に、我欲を捨てて人間らしく生きる行動規範を示し、簡素に心ゆたかに生きる幸せを説いたものだと思えます。現に「雨ニモ負ケズ」は、東日本大震災に打ちのめされた状況から、立ち上る底力を呼び起こし、強靭な精神的な支えになったという人は少なくありません。

私自身、若い頃から自然災害や病気、社会変動などの困難に直面する度に、宮沢賢治の魂の井戸を汲んで甦ってきました。そして、一九七三年、今から四二年前に、人と自然にやさしい有機農業にめざめ、仲間と共に研究会を組織して、手探りの実践に着手しました。初めは試練と失敗の連続でしたが、三年目、空前の冷夏をのり超えて平年作を確保したことが契機となり、首都圏の消費者市民と提携の堅い絆を結び、風雪に耐えて生かされてまいりました。ふり返ると、近代化まっしぐらの時代に、他目《はため》には時代錯誤の愚直な取り組みに映り、有形無形の圧力が加わる場面もありました。

けれど、若い農民たちは筋道の正しさを信じ、化学合成物質に頼らず、たっぷりと堆肥を施し、天然の岩石を砕いた粘土鉱物を補給し、土づくりに汗を流すうちに、豊饒の大地が甦ってまいりました。

現に異常気象に遭遇《そうぐう》しても、作物は抵抗力を発揮し、病虫害にも強く、安定した作柄をもたらすようになったのです。

その稔りは、まさに生きている土の贈り物です。私は、有機農業の等身大の営みを続ける中で、「ずい分忙しく仕事もつらい」という従来の境地をのり超えて、つくること自体の中に、農のよろこびを体感できるようになったと思えます。「労仂がそのまま舞踊となる」所まではまだまだですが、少なくとも苦役ではなくなりました。手わざの累積のようにして育てたりんごが、夕陽に映える様を眺めながら、収穫のよろこびがそくそくと湧いてくるのを覚えます。さらにその果実を他に分かち合うよろこびが待っています。「今年のりんごはほんとに美味しかったネ」という一言で、全ての苦労が報われるのです。

そうした一連の営みは、その根っ子の所に文化を内包していると感じます。文化《カルチャー》の語源が大地を耕すことにあることを思えば、〝文化としての農業〟という要素を、もっと強く自覚してもいいのではと思うこときりです。

もちろん生存基盤の柱を成す食料を生み出すことは、農業の第一義的な使命ですが、その役割が正当に評価され、くらしがまかなえる経済性が担保されることが必要です。併せて環境や景観を保全する機能を正しく位置づけ、次代に美しい風土を残さねばなりません。昨今の市場競争に特化したハードな世情を、岩手山や早池峰の頂きから、野の師父はいかな思いで眺めているでしょうか。

イーハトヴの守護神のようなあの霊峰に似て、宮沢賢治は、はるかに時空を超えた存在であり、もちろん生前の姿を仰ぐことはありませんでした。ただ、賢治の直系の教え子、松田甚次郎*の帰京後の生きざまに啓発されるところが多々ありました。松田は、ふるさと山形県新庄市鳥越に、最上共働村塾をつくり、師匠の理想実現に骨身を砕きました。実家は地主でしたが、「開拓して小作人になれ」、「演劇を以て農村の文化風土を耕せ」という賢治の教えを忠実に実現しようとしたのです。松田の名著『土に叫ぶ』からは、その苦闘の日々が、圧倒的な臨場感をもって迫ってきます。

さらに、宮沢賢治の全体像について理解を深めることができたのは、私が三〇年の歳月を、その膝元で薫陶を受けた真壁仁**氏の研究と論考によってです。同世代の農民詩人真壁仁は、生前の賢治に会う機会はなかったのですが、草野心平の追悼文に接し、その後、弟

*松田甚次郎（1909-1943年）
まつだ・じんじろう　農業指導者、著述家。

**真壁仁（1907-1984年）
まかべ・じん　詩人、思想家。

宮沢静六氏との交流によって、賢治の巨峰に分け入るようになりました。私たちは、その精神性と仕事について、農民文学誌『地下水』同人の集りで、折にふれて伺うことができました。そして、様々な切り口からの賢治論を収めた『修羅の渚』*をくり返し繙くなかで、ぼう大な遺産の今日的な意味を、わが内側に受け止めてきたのです。

真壁仁が刻んだ賢治像においては、文学者としてより先に、「農業者としての宮沢さん」という登山口から登はんが始まります。盛岡高等農林時代に、関豊太郎教授の薫陶を受け、地質学、土壌学、生物学の知識を身につけて、岩手の地勢と植生の調査に打ち込んだ経験を活かし、稲作技術者として立ち現れた詩人に、東北農民の血がさわいだのでしょう。オホーツクから張り出す寒流のもたらす偏東風《やませ》にさらされ、三年に一度は冷害に泣いてきた飢餓《けがち》の風土は、出羽の農民にとっても身につまされる土地柄でした。先にふれた「稲作挿話」の陸羽一三二号は、庄内の篤農家阿部亀治が育種した〝亀の尾〟を親に持つ良質な耐冷品種で、それにいち早く着目して普及を図る賢治に共感を覚えたのでしょう。「グスコーブドリの伝記」には、冷害年に多発しがちなイモチ病を防ぐために、化学肥料をひかえ、田起しのときに、大豆粕や鶏糞を施し、木炭と食塩で予防する方法が示されています。それは、今でも通用する有機農法の技術でして、賢治の先見性に目を見張る思いです。

ただ真壁仁は、「彼は農民であると同時に稀有《けう》の詩人である」とし、交響曲を思わせる肯

*『修羅の渚―宮沢賢治拾遺』
秋田書房、1985年刊。

定的精神に共鳴しています。そこから人間力の可能性の限界を押しひろげ、四次元の世界へと飛翔するさまを見ています。

一方で、晩年の「雨ニモ負ケズ」に刻まれた賢治の願望には、富裕者の良心の表白「下降志向」があり、農村恐慌に喘えぐ東北農民の願いとは相容れなかったとしています。

実際に、小さな萱ぶきの小屋に住み、一日に玄米四合と、味噌と少しの野菜だけでは、風雪に負けぬ丈夫な体と、旺盛なエネルギーは生れないのでは、と指摘しています。目のあたりに娘身売りや、小作争議がひん発する姿《さま》を見てきた出羽の農民の偽らざる実感を吐露したものでありましょう。

けれど、「雨ニモ負ケズ」が書かれた時代から八〇有余年を経た今日、人類社会が自然破壊の果てに手にした近代化と産業社会がもたらした豊かさと便利さが、すでに持続性を失い、行きづまっていると感じます。地球環境や資源エネルギー、食料危機、核の脅威などを視野に入れると、これまでのような飽食と使い捨ての暮らしは許されません。私たちは好むと好まざるとにかかわらず、賢治の示唆した簡素なライフスタイルを選択する他はないでしょう。そこに「雨ニモ負ケズ」の未来性が脈打っていると思うのです。

そして、宮沢賢治の生涯を貫く利他の精神は、東日本大震災の空前の災禍に喘ぐ人々に差し伸べられた支援の手や、若者たちのボランティア活動などに象徴的に表現され、かつ受け継がれています。そうした人間の良心と善意に基づく本然の行動は、地域や国家の垣根を越えて、地球的な広がりを見せております。

一方で、依然として暴力の応酬や紛争などのリスクを背負った時代を私たちは生きています。けれど、そうした暗がりを脱け出て、賢治の願った慈悲と利他のこころが、世の主調を成す日が必ず訪れると信じます。

東北出身で、今日の日本を代表する哲学者梅原猛*博士は、賢治の精神世界の真髄を次のようにとらえております。

賢治の童話は、多くの人々に仏教思想を教えるものでした。賢治が伝えたかった仏教思想こそ、まさに「草木国土悉皆成仏」の思想なのです。森羅万象のすべてが、星や風、虹や石といったものも、人間のように生きていて、仏に通じている。利他の心を持っていると語っているようです。

賢治は、鉱物も、植物も、動物も、おなじ生きているものとして描きます。植物では柏、柳、銀杏。動物では蛙、ヨタカ、山猫や熊などを主人公として、童話が書かれています。

そこは流転の世界であり、弱肉強食の世界でありながら、生き物たちはいつも他者

*梅原猛（1925年生まれ）
うめはら・たけし　哲学者。京都市立芸術大学学長、国際日本文化研究センター所長などを歴任。

への思いやりの心を持っていて、いつも自らを他者に捧げようとしている。
(『人類哲学序説』**―森の思想―)

と述べています。

浜田広介との一期一会の思い出

次に、日本のアンデルセンと呼ばれた浜田広介先生について、私の思いを述べさせていただきます。童話作家浜田広介は、わが高畠町***の出身で、町は名誉町民第一号として推戴しております。日本昔ばなしをルーツに持ちながら、それを止揚して、近代の童話文学を形成した先駆者として広く知られております。

広介は、戦前、戦中、戦後の激動波乱の時代を、童話一筋に生き通し、生涯一〇〇〇点に及ぶ珠玉の作品を生み出しました。ふるさと高畠町では、その功績を顕彰し、浜田広介記念館を造営して、生涯の足跡と作品を保存・展示しております。そして、「愛と善意の文学」の心を多くの子どもたちや親たちに伝え、感動を共有してまいりました。現代の混沌とした世情の中にいて、メルヘンの館の存在は実に大きなものがあると受け止めていま

**『人類哲学序説』
岩波書店(岩波新書)、2013年刊。

***高畠町
たかはたまち　山形県東南部、東置賜郡に属する。人口約2万4000人。

す。

私は、四〇年前に、娘の小学校のＰＴＡの講演会に、広介先生をお迎えし、じっくりとお話を聞く機会に恵まれました。それが生前の一期一会の場面でした。お話の内容よりも、先生の慈愛にみちたお顔が、つよく印象に残っております。

以来、折にふれて広介の作品を繙くようになり、その温かく美しい世界に引き込まれていきました。そこは、強くやさしいいのちの磁場だったのです。

少年広介の生い立ちは、必ずしも幸運ではなかったのですが、持ち前の自立心と向学心、そして囲りの温情に支えられて、米沢興譲館中学から早稲田大学高等予科に進学しました。母の従妹荒井さよさんも上京し、米沢出身の学生を受け入れる下宿屋を営み、親身になって広介のお世話をされました。そのぬくもりもまた、広介にとってのオアシスだったと思えます。

早大在学中に、大阪朝日新聞の懸賞童話に応募した「黄金の稲束」が首席で入選を果たしました。大正五（一九一六）年、広介二三歳のときです。そのことが契機となり、第一線で活躍する文化人との交流も多くなり、新進の童話作家としての道を歩み始めます。大正七年、早大英文科を卒業し、雑誌『良友』に「呼子鳥」、「椋鳥の夢」などを発表、併せて編集の仕事も続けました。そして大正一二年には、「龍の目の涙」を発表し、雑誌『幼年の友』の編集にも関わり、エネルギッシュな活動を続けます。

昭和三（一九二八）年、広介三五歳の時に、米沢市出身で奈良女子高等師範卒の渡部トクさんと結婚いたします。その年の一一月、長男禎夫《ただを》さんが生まれました。そして翌年、大田区田園調布に新居を構えます。次女留美さんが誕生したのは、昭和八年、広介四〇歳の時でした。同じ年に、不朽の名作「泣いた赤鬼」も誕生したのです。

大正デモクラシーの高揚期において、高い芸術性をもったメルヘンの世界を探求しようと、児童文学への志を固めた広介は、昭和恐慌から戦争体制へとなだれ込む激動の時代にあっても、澄み切った純粋思考を以て創作に専念していきます。

けれど、日に日に戦況が悪化し、東京も空襲の不安にさらされるようになると、やむなく家族と共に郷里の屋代村（現、高畠町）に疎開することになります。その折には、親戚や、友人、知人と親交を深め、周りの人々が差し入れてくれる食べ物や日用品を「頂戴録」のノートに細かく記しておりました。贈与の心根の温さをしっかり受け止めていたのでしょう。

終戦後、田園調布の自宅に戻って、旺盛な創作活動を再開するのですが、作品のモチーフやイメージをめぐらすとき、脳裡に浮かぶのは、ふるさとの原風景と、いのちのまんだらだったにちがいありません。遠くにいては見えないものでも、子どもの頃の体験や、疎開生活の折に観察した事どもが、フィルムの一コマのように映し出されるのでしょうか。

次々と生み出される幼年童話や童謡、詩、短歌、エッセイは、やがて一〇〇〇点を超えるほどになっていきます。名作「泣いた赤鬼」、「龍の目の涙」、「むく鳥の夢」などによって、国民的な共感を得て、日本のアンデルセンと讃えられるようになりました。小川未明*は、「広介童話は、永遠の郷愁の文学である。それは虹のように美しく、草の根のように強靭で、また母のようにあたたかい」と評しています。それを受けるように、真壁仁もまた次のように述べています。

「その郷愁の文学は、軍国主義の熱狂のなかでも、戦後民主々義の高揚のなかでも、不変な、それ自体の命題をもち続けたという点で、メルヘンの純粋さというものを感じさせる」、(中略)「ひろすけ童話の世界が、歴史的現実にではなく、より多く予言的未来にかかわる文学である」として、宮沢賢治の世界と通底するのを感じ取っています。

処女作「黄金の稲束」

ただ私は、数多くの作品の中で、処女作「黄金の稲束」がいちばん好きです。そのストーリーは、年老いた百姓と、長いこと働きづくめで体が衰え、厩《うまや》に寝込んでしまった馬と

*小川未明(1882-1961年)
おがわ・みめい　小説家、児童文学作家。

の友情物語ですが、その底流には、人と動物の種の垣根を超えた共生の思想が流れていると感じます。

　その舞台となった置賜は、四季のめぐりも彩かなめりはりのある風土ですが、里山に紅葉が燃えた後の冬は馳け足でやってきます。病める馬の看病で、未だ収納できずにいた稲架《はさ》がけの稲束は、真白に雪をかぶってしまったのです。それでも心やさしい百姓は、馬に付き添って看病の手を休めず、ひたすら案じておりました。馬は、「ご主人さま、どうか私にかまわず、大事な稲を運んで下さい」と懇願するのですが、百姓は聞き入れません。そこで馬は、自分の背中を鞭で叩いてくれと頼みます。仕方なく百姓が細いよしで軽く叩くと、ふしぎ、三頭の仔馬が次々に生れました。仔馬はみるみる若駒に成長し、いななきと共に雪原を蹴って田んぼに向かっていきます。そして間もなく黄金《こがね》の稲束を背負って戻ってきたのです。その情景は、長い歳月、農にいそしんできた私に、今も鮮烈な彩りを伴って迫ってきます。そして、この物語の背景には共生と甦《よみがえ》りの思想が脈打つのを実感いたします。

　思うに二三歳の若さで、種の超越したつながりと、生命《いのち》の輪廻《りんね》を自覚し、作品に刻んだ浜田広介は、宮沢賢治と並ぶ東北が生んだ天才的な文学者だといえましょう。当時としては稀有な広介の認識力は、江戸中期の上杉鷹山**公の時代から、ここ置賜の常民が、草木塔

**上杉鷹山（1751-1822年）
うえすぎ・ようざん　米沢藩第９代藩主。江戸時代屈指の名君。

を立てて、草や木の命を慈しんできた固有の精神風土の中で養われたものにちがいありません。

ひろすけ文学は、「愛と善意の文学」と称されてきましたが、私はもう一つ、「共生のこころ」を加えたいと考えてきました。鳥やけものや、魚などの動物はもとより、草や、木や、花などの植物、さらに鬼や龍などの架空の生き物、はては提灯やガス灯、休み石などの道具まで、人と対等に扱い、その存在感を際立たせます。そこは、登場者を全て擬人化し、人格を与える宮沢賢治の手法に似ていると感じます。

広介は、「童話文学と人生」というエッセイ集の中で、野道を横切る毛虫を踏まないように、渡り終えるまでじっと待つ母から学んだ慈しみの心について書いています。

「ふるさとの虫と鳥」というエッセイから、そのくだりを引用いたします。

夏のさかりに母が村の小道を行くとき、赤毛の毛虫がもくもくと目の前をはうのに会った。すると母は、わたくしの行くのをおさえて、毛虫が道をよぎり切るまで立っていた。母は毛虫がきらいであった。きらいな虫なら、その場に虫をふみつけようとも、それまでのこと、足にぞうりをはいていたから、ふめば、毛虫は、ぞうりの下になるのである。もし、そのときに、ふみつけられて、虫のあわれな死にざまが、この

目にはっきり見えたとしたなら、その印象は消しようもなく、幼年時代の母をしのび、
母の心を慕う思いは今のようにはありえない。

と、ふり返ります。

そのように、幼な心に刻まれた母のしぐさや言葉は、六〇数年の時を経ても、つい昨日のことのように甦ってくるのでしょうか。

いみじくも広介は、「ふるさとの豊かな自然の中で育まれた母と子のつよい絆が、そのまま心の風土となった」と述べております。

昭和三〇年、広介六二歳の年に、日本児童家協会の初代理事長に就任し、児童文学全体の隆盛にリーダーシップを発揮します。また国語審議会委員なども務めます。

ひろすけと高畠町

昭和三九年、童話五〇年の節目に、ふるさと高畠町の鳩峰高原に「むく鳥の夢」の文学碑が建立されました。重さ一〇トンの安山岩の自然石に、

むく鳥の夢のかあさん白い鳥
さめて見る　かれ葉の上の白い雪

という碑文が刻まれています。

さらに二年後、昭和四一年には、母校屋代小学校の前庭に、「道ばたの石」の碑が建てられました。

道ばたの石はいい／いつも青空の下にかがみ
夜は星の花をながめ／雨にぬれても風でかわく
それにだいいち／だれでも腰をかけてゆく

ふるさとの人々は、いつでも誰でも石碑《いしぶみ》に向き合い、詩人の声を聞くことができるのです。

昭和四四年、紫綬褒章を辞退した広介でしたが、昭和四七年、高畠町名誉町民の勲章は、喜んで受けられたと伺いました。その年、町庁舎の前庭に「回顧の碑」が立てられました。「立ち止り／振り返り／またも行く／一筋の道だった」という文言が刻まれております。

広介の身辺をひたすら支え通し、その文学活動のすぐれた理解者でもあった次女の浜田留美さんは、「父浜田広介の生涯」という評伝のあとがきで、次のように述べています。

いま辿る父の生涯は、その魂のありかを、あらためて知らせてくれる。（中略）広介の生涯には、初めから終りまで「椋鳥の夢」が、底を流れるテーマになっている。母を恋う子の心や、子を慈しむ父の心、親と子の間を行き交う愛と哀しみなど、平凡ではあるが、永遠のテーマを描いたものが、また広介の文学である。私たちが日々の暮しの中で、見過ごしてしまいがちな大切なもの―愛、努力、思いやり、哀れ―など、広介は、草の葉を渡る蛍のように、人の世の、ささやかな、しかし心温まるものを、私たちに照らし出してみせてくれた。

この結びの言葉が、まさしく広介文学の本質を表していると、私は受け止めました。しかも、その本質を表現することばと文章が、たぐいなく美しいことに感動いたします。全ての作品に共通する文体のみごとさは、ほとんど詩のイメージです。それは天性の資質かも知れませんが、併せて丹念に推敲《すいこう》を重ね、完全度を高める努力のもたらした果実にちがいありません。

加えて、朗読したときの韻律《いんりつ》まで整えられたと伺っております。

名作「むく鳥のゆめ」の終章のところだけ読ませていただきます。

むく鳥のゆめ

その夜のことでありました。むく鳥の子は、ゆめをみました。どこからか、からだの白い一わの鳥がとんできて、ほらのなかまでもちょこちょことはいってきました。むく鳥の子はおどろいて、

「ああ、おかあさん。」と、よびました。

けれども、白いその鳥は、なんにもいわずに、やさしい二つの目をむけて、子どもの鳥をながめました。ひるまなか、とうさん鳥がながめたようにつくづくと見まわしました。むく鳥の子は、羽をならしてとびたって、白いからだにとりすがろうとしましたが、白いすがたは、ふっつりと、どこかへきえてしまいました。それといっしょに、むく鳥の子は目がさめました。まるい目をして、ほらの中を見まわしました。ふかいやみが、まだいっぱいに、ほらのねどこをふさいでいました。

あくる朝、早くおきると、むく鳥の子は、ほらの出口にでていました。すると、かれ葉にうすい雪が粉のようにかかっていました。それを見て、ゆうべのゆめにきた鳥

は、もしかしたら、白い葉であったかも知れないと思いました。むく鳥の子は、羽でたたいて葉の雪をはらいおとしてやりました。

高畠の人々は、広介文学の温い心を町づくりの柱として、記念館の運営にも関わってきました。本館に加え、大きなきのこのような形をしたひろすけホールや、移設した生家を包む林や前庭に池をめぐらしたひろすけワールドは、四半世紀を経て、まほろばの里の母胎を形成するようになりました。

とりわけ3・11後は、訪れる子どもや親たちの癒しと安らぎの場になっているように思えます。津波や原発事故の被災地から、多くの親子連れが訪れ、メルヘンの館でゆっくりと時間を過ごすのです。そのぬくもりが、生きる力を呼び起こしているようで、いつしか胸が切なくなってくるのです。

また、高畠町は、昭和四三年より「ひろすけ童話賞」を創設し、日本児童文芸家協会の全面的なご協力をいただきながら、秀れた創作童話の表彰を行ってまいりました。すでに二五回を重ねて、幼年童話の最高賞としての評価が定まり、ひろすけ文学の水脈が、伏流水のように現代につながっていると実感いたします。

併せて、児童を対象とした「ひろすけ童話感想文・感想画全国コンクール」も実施しています。毎年二〇〇〇点近い応募があり、明日への期待がふくらんでまいります。今年、町長賞を受賞した小一の子どもさんは、両親と共に鹿児島から駆けつけて下さいました。

また今年は、NHKで「私の青おに」というドラマの製作と放映が企画、準備され、六月から撮影に入る予定と伺いました。多くの人々の楽しみがふえ、元気をもらえる作品になって欲しいと願っています。

さらに、毎年、春と秋に開催される「ひろすけ祭」には、館内外で懐かしい昔の遊びや出店が並び、池での釣大会も人気で、ひねもす賑わいます。昨年、みのりの秋のひろすけ祭には、スタジオジブリの高畑勲監督*をお迎えして、すばらしい記念講演を頂きました。併せて、新作『かぐや姫の物語』の上映も実現し、文化ホール〝まほら〟を埋める七〇〇名の来館者に、大きな感動の渦を呼び起こしました。超大作のアニメ映画の中で、かぐや姫が折々に口ずさむわらべ唄が今も耳に焼き付いて離れません。

あのえもいわれぬ妙《たお》やかな旋律が、風にのって、胸にしみ渡ってくるようです。

思うにジブリの高畑勲監督の描く作品と、広介文学そして宮沢賢治に通底するのは、自然と人間が融合する原風景と、宇宙空間まで飛翔するロマンだといえましょう。

＊高畑勲（1935年生まれ）

たかはた・いさお　映画監督、アニメーション演出家、プロデューサー、翻訳家。

二つの巨星が導く未来

東北の生んだ二人の天才、宮沢賢治と浜田広介の生誕は、明治二九年と明治二六年で、広介が三つ年上のほぼ同世代です。そして、二〇代の多感な時代に大正デモクラシーの風を肌に受けて、自由・自在な創造力を発揮し、固有の世界を切り拓いたといえましょう。

尾根に雪を頂き、朝日に染まる巨きな山脈《やまなみ》のような存在を、「わが人生の内なる師」と称することの不遜は恥じ入るばかりです。けれど、凡庸な一介の百姓でも、理想の地平を思い描き、試行錯誤をくり返して、愚直に生き通してきた足跡をたどるとき、最も深い所で生きる筋道を示していただいた大きな、大きな導き手というより他はありません。そしてこれからも、二つの巨星が照射する光を拠り所として、進むべき道をまさぐっていきたいと願っています。

いま、地球上では、賢治が生きぬいた時代をはるかに上まわる激しさで天変地異がひん発し、また広介が戦火を避けて疎開した時代の再来を思わせるような状況が押し寄せています。

けれど、非力な自分に諦めるのではなく、小さな力でも、それを結び合って、流れを変えなければと思うのです。いま、私たちにできることは、地域に根差し、これまで四〇有余年、生きた土を養い続けてきた手を休めることなく、本物の食べ物を育て、提携する市民と共にその稔りを頂き、「田園の幸せ」を享受し、あたりまえに生きることです。

ただ、災害などの不測の事態に遭遇した場合には、お互いの避難場所や食料を準備し、生存条件を確保することが不可欠です。いわばほんとうの友だちの関係性の構築です。

そして、本物の食と、本来の農業と、豊かな文化を包括した生命共同体を創り出すことを夢見ています。その規模は初めから大きなものでなくとも、等身大の生産と、贈与の心を持った流通と、小さくとも元気な経済に裏打ちされた簡素な暮らしが実現できれば本望です。

たかはたの〝ゆうき米〟の新たな提携のカタチとして動き出した「青鬼クラブ」と共生プロジェクトは、原発事故の風評被害に苦悩する農家に、都市々民から差し伸べられた慈愛の手です。その由来は、名作「泣いた赤鬼」のほんとうの友だち青鬼君にルーツを持っています。推進母体のたかはた共生プロジェクトは、幸いトヨタ財団の助成を受けられることになり、大きな励みになります。

まさに瀬戸際まで迫りつつあるＴＰＰ*の大津波を、長い提携の歴史を持つ消費者グループや市民団体と一体となって、のり超えていきたいと考えています。

＊TPP
環太平洋戦略的経済連携協定。

また、上杉鷹山公の藩政改革に学んだ「置賜自給圏構想」は、イザベラ・バード**の東洋のアルカディアを想起させ、賢治の〝ポランの広場〟とも重なります。

そうした東北の歴史と文化遺産を、地域の自立と再生に活かし、ひいては文明の質的な転換につなげたいものだと考えています。

今を生きる私たちの周辺はすでにグローバリズムの高波に洗われ、あらゆる分野で激しい競争に駆り立てられております。けれど、童話文学の主な読み手である子どもや孫たちが成長し、社会の担い手になる近未来には、これまでとは全くちがう世の中へと変容するでしょう。科学技術に裏打ちされた産業社会が行きづまり、転形期の混沌《カオス》に苦悩する私たちですが、やがて本来の良い関係をとり戻し、生きとし生けるいのちが共生する生命文明へと、質的な転換を遂げていくと思います。二一世紀中葉から後半にかけて、成熟社会の新たな価値観に基づくパラダイムの変革が進み、人々はもっとゆったりした安心立命の地平を拓いていくでしょう。

「世界が全体幸福にならないうちは、個人の幸福はあり得ない」とした宮沢賢治の思いが、一〇〇年を経て少しづつ、夫々の社会の一隅から具現化されていくと信じます。

そして、荒廃する世相の隙間《すきま》に、浜田広介の愛と善意の心が、螢の光《あかり》のように浸み渡っていくことを念じてやみません。

**バード（1831-1904年）

Isabella Lucy Bird　イギリスの女性旅行家。明治時代に東北地方などを旅行し、『日本奥地紀行』を著した。

終りに、渾身の超大作アニメ『かぐや姫の物語』の童唄《わらべうた》（高畑勲作詞）の一節を朗読させていただきます。

まわれ　まわれ、まわれよ、水車まわれ
まわって　お日さん　呼んでこい
鳥　虫　けもの　草　木　花
春　夏　秋　冬　連れてこい
春　夏　秋　冬　連れてこい
　（中略）
鳥　虫　けもの　草　木　花
咲いて　実って　散ったとて
生まれて　育って　死んだとて
風が吹き　雨がふり　水車まわり
せんぐり　いのちが　よみがえる
せんぐり　いのちが　よみがえる

親子三代の俳人の家に生まれて

高浜虚子
たかはま・きょし
一八七四―一九五九年。俳人、小説家。

星野立子
ほしの・たつこ
一九〇三―一九八四年。俳人。高浜虚子の次女。

星野高士
ほしの・たかし
一九五二年生まれ。俳人。高浜虚子の曽孫。『玉藻』主宰、鎌倉虚子立子記念館館長。

俳人の家系

平成二六（二〇一四）年の六月、私どもの俳句雑誌『玉藻』が千号を迎えました。千号というのは、口で言うのは一言ですが、年数は八四年です。初代は星野立子、それから、二代目は私の母でありますす星野椿、私、星野高士が三代目となります。『玉藻』は、昭和五（一九三〇）年に高浜虚子が女流のためにつくった雑誌です。当時は、女流が俳句では活躍する場所がそれほどなかったわけであります。

高浜虚子が、女性に俳句を解放しようじゃないかということで、才能に一番惚れ込んだ次女の星野立子に創刊させたのが『玉藻』という雑誌です。させたというのも変な感じですが。今は、女流俳句雑誌というのはたくさんありますが、日本で最初の女流の主宰の俳誌が『玉藻』です。

僕は昭和二七（一九五二）年生まれですが、普通のご家庭とちょっと違って、生まれたときから周りはみんな俳人なんです。ですから、あらためて俳句は五七五で、季題が、季語があって、写生がどうだとか、取り合わせがどうだとかなんていうことは、一言も聞いたことがない。俳句は、いつも身近にあって、そこら辺に置いてあるようなもの、たとえば、机の上のお皿のような感じでした。うちにいれば、毎日のように全国から俳句の愛好者が投稿してくるし、電話がかかってくれば、雑誌社や、新聞社でした。たまには、小さいながら僕なんかも出たりするんです。そういうところに生まれましたので俳句というものに違和感がありませんでした。

しかし、俳句を作ろうとか、詠もうとか、そういう気はありませんでした。昔の写真とか見ますと、私が小さいころに、句会でおじいちゃん、おばあちゃんの間に一人座っている写真があります。小学校だか、幼稚園だか、その俳句会の中に何か溶け込んでいるんです。違和感というものはなかった。何か肌で伝わるというか、肌で教わるという感じでした。

おもしろいのは、高浜虚子も、星野立子も、私の母の星野椿も、僕に俳句をやりなさいということは一言も言ったことがありません。ですから、やらなければそれまででした。その中で、おばあちゃんの星野立子が好きでした。向こうも私のことをすごく好んでくれていました。部屋に行きますと、俳句雑誌だらけなんです。そうすると、ついぱっと読んでいる、何気なく読んでいるんですね。しかし、それだけのことで、じゃあ、俳句を作ろうかとかという気はあんまりないんです。だけど、何か読んだり、いろいろなものを見ているうちに何かやっぱり身につくんでしょうね。

五七五のあの調べ、韻律、ああいうのは日本人なら誰でも身についていて、そこにまた季語、季題というのが入ってくる。不自然じゃないんですね。普通なら、つまらなければやめてしまいますし読まないです。しかし、何か好きというか、興味があったんでしょうね。

星野立子が、大変な女流俳人だったというのは、その後でわかったわけです。私にとってみればご飯を食べさせてくれたり、おこづかいをくれたりして、とてもかわいがってくれた祖母です。あるとき、銀座の「ギャラリー四季」というところの会社が俳句の雑誌を出していまして、そのギャラリーで、色紙、短冊の展示会をやっていました。それは星野立子と高木晴子*、上野章子**の三姉妹展でした。高木晴子は立子の下の妹で、後に『晴居』という雑誌を出します。立子が病で倒れたときには、『玉藻』の雑詠選者も、ぱっと手伝ってくれる人です。その下の妹が上野章子さん。この人は、立子にすごく顔立ちが似た素敵な人で姉妹の中で、一番美人だったと思っています。私は当時勤め人をしていましたので、そこに昼休みに何の気なしに足を運びました。勤め人ですから、そんなに時間はないし、ぱっと場内を回って、俳句を読んでいたんですが、この句はすごいなという句に当たりました。星野立子の俳句で、「行人《こうじん》にかゝはり薄き野菊かな」という句です。それが、何か、私は好きでした。ほかにも、「昃《ひかげ》れば春水《しゅんすい》の心あともどり」とか、いろいろな有名な句が掛

*高木晴子（1915-2000年）
たかぎ・はるこ　俳人。高浜虚子の五女。

**上野章子（1919-1999年）
うえの・あきこ　俳人。高浜虚子の六女。

けてあったんですが、その句はそれほど世の中に知られていない俳句です。でも、「行人にかゝはり薄き野菊かな」、これは、何か、行く人のせわしさ、往来、そういったものと、その下に、野菊がちょっと咲いている、そういう一句で、そこら辺に非常に感動したわけであります。

これは後で聞いたら、長野の善光寺の参道の野菊でした。人の往来が見えてくる。野菊のひそやかさ、そしてまた、きっちりと咲いているという、そういう感じを詠《うた》っている。こんなことが俳句で言えるんだなということを思いました。この句が、ほんとうに私を俳句の道へ誘ってくれた一句でした。

ですから、俳句は、やれとか、やらないとか、そういうことではなくて、後で考えると、私はその句を見たのでやったのです。でも、見てもやらない人がいたかもしれません。私は、今でも好きですが、それが好きだったんでしょうね。感性の通信というんでしょうか、そういうものを実によく感じた一句です。伝統や伝承の中で、そういうものが脈々とあるのかなということを、今、思います。

つまり、俳句を見て、それが伝わっていくということ。俳句は、こうしたらいいよ、こうしたらうまくなるよ、こうやったらいい句ができるよ、というのではないんです。最初の感じはそういいようなところでだんだん伝わっていくということが、私にはありましたね。

俳句の家だから、そういうことがあったんでしょうね。生まれたときから、多分、身の周りで句会でもやっていたと思うんです。そこら辺に寝かせられて、俳句を聞いていたのでしょう。だから、俳句が子守歌みたいなものだったのじゃないかと思います。

高浜虚子の俳句

高浜虚子はお謡が好きだったんです。松山の瀬戸内海の方の、西ノ下《にしのげ》という小さい港町で生まれ、高浜家は池内家とも養子縁組をしたりしている宝生流の大家です。虚子のお兄さん、池内信嘉は宝生流の名人です。ですから、虚子も、当然、お謡をやって、そして娘たちとか、いろいろな俳人の人たちともお謡をやりながら、俳句と謡の句謡会というのをやっていました。高橋進先生という宝生流の人間国宝の方が、いらっしゃっていました。

高浜虚子は、私が七歳のときに亡くなっています。虚子の面影は、由比ガ浜の虚子庵の廊下を歩いている姿とか若干、残っています。また、何か語っているんでしょうけど、あんまり覚えていません。虚子には二男六女がおりました。一人は、すぐになくなっていますが。その下にまた子供がいて、その下にまたいっぱいいます。ですから、もう縁者が何十人もいるんです。どこに誰がいるかわからないぐらいです。私は三代目ですが、俳句をや

＊稲畑廣太郎（1957 年生まれ）
いなはた・こうたろう　俳人。高浜虚子の曽孫。句誌『ホトトギス』主宰。

＊＊坊城俊樹（1957 年生まれ）
ぼうじょう・としき　高浜虚子の曽孫。花鳥句会主宰。

っているのは、稲畑廣太郎*さんと坊城俊樹**さんで、ちょうど男三人がこの後を継いだということになっております。

高浜虚子も正岡子規***と出会うわけです。河東碧梧桐****さんが子規を高浜虚子に紹介します。河東碧梧桐さんは虚子と同い年で、同じ松山東高校でした。高浜虚子という人は、俳句も大事ですが、それよりも小説家なんです。文章を書きたかった、小説家になりたかったわけです。虚子は子規にも会い、そして俳句もやるのですが、当時の虚子の俳句は、有季定型というよりも、非常に型破れな、前衛的な句が多いのです。

碧梧桐のほうが前衛的だと思われていますが、碧梧桐のほうが、わりあいと伝統的です。「赤い椿白い椿と落ちにけり」なんてね。これは、ほんとうにわかりやすい俳句ですね。

高浜虚子は「怒濤岩を噛む我を神かと朧《おぼろ》の夜」なんて、何回読んでもわからない。こんな句をつくって発表している。虚子は、どちらかというと、俳句というよりも物書き志望です。文章のほう、小説、そっちのほうを生業としたかったのでしょうね。

それで、小説とか写生文、いろいろやりました。写生文というのは、そこら辺に来て、ちょっと歩いて、何があった、何か売っていたよっていうものです。そういうのを読みますと、やはり高浜虚子の俳句の裏づけがひしひしと伝わってきます。

俳句というのは、たった十七音ですが、虚子の俳句を読みますと、十七音が、何万字ぐ

***正岡子規（1867-1902年）
まさおか・しき　俳人、歌人、国語学研究家。俳句、短歌、新体詩、小説、評論、随筆など多方面に亘り創作活動を行った。

****河東碧梧桐（1873-1937年）
かわひがし・へきごとう　俳人、随筆家。

らいの効果があります。俳句というのは広がりが生まれなければいけません。ですから、俳句を読んで、なるほどご苦労さんでしたという句が多いんですがそうじゃなくて、もっと先が知りたい、そういう俳句を虚子はつくっているんです。正岡子規は、どちらかというと、写生派、写実ですから、虚子のような、長い、将来的な広がりというものは、あんまりないんです。でも、それは時代の変遷ですから、そういうところが虚子のおもしろいところだと思います。

星野立子の俳句

私は、祖母の星野立子とは、ずっと一緒に鎌倉で暮らしていました。立子という人は、高浜虚子が自分よりもすごい詩人であると評したように、すごい感性の持ち主でした。私が何かいいことを教わっているんじゃないかとか、何かいい秘訣を教わっているんじゃないかと皆さんから聞かれますが、何もないんです。住み込みの丁稚《でっち》みたいなものですね。一緒にご飯を食べて、一緒に買い物へ行ったり、ドライブしたり、そういうようなことです。そこで俳句つくるかっていうと、別につくらないわけですよ。

何か伝わるっていうことじゃないんですね。私が感じていたということなんです。これは後になってわかりました。

俳句というのは、奥が深いですから、自分の俳句がそれで満足したとか、確立されたなんていうことは、一切、思いません。高浜虚子もあくまでも最後まで挑戦者です。そういう挑戦する心、そういうものを常に持ちながら、そういったものを感じながら作っていくということ、これが大事だと思っています。

星野立子という人は、孤独なところもありましたけど、非常に繊細な俳句、ナイーブな俳句をつくっています。ですから、そういう俳句を見ると、私といるときの祖母と、俳人としての星野立子はちょっと違うなっていうことは、私も感じています。でも、俳句は、それでいいと思っています。

俳句は、ほんとうは二重人格、三重人格でなきゃだめです。自分そのものを詠っていちゃ、これはおもしろくない。ですから、もう一人の顔、もう二人ぐらいの顔があるとよいです。私はもう一人の自分をつくるということ、これを自分のテーマに挙げています。もう一人の自分をどうやってつくるか。星野立子は、知らない間にもう一人の自分がいました。主婦としての立子、私のおばあちゃんとしての立子、それから、それを切り離れたところにいる俳人としての立子、『玉藻』の主宰の立子、虚子に向かうときの立子。これはやっぱり顔がそれぞれ違います。そういうことは、俳句を見て私は判断しました。

高浜虚子が亡くなった昭和三四（一九五九）年四月八日の俳句に、「なぜ泣くやこの美しき花を見て」があります。虚子が亡くなった直後です。四月八日ですから、桜がきれいなとき。桜を見てみんな喜んでいるんだけど、何で私は泣いているんだろうと。星野立子は、高浜虚子の一生で一緒にいた時間が一番長かった人ではないかと思います。

虚子が文化勲章を受章するときも、立子が一緒に行っている。旅行なんかを見ても、星野立子がずっと行っています。その虚子が突然倒れて、一週間後ぐらいに息を引き取ります。そのときの桜は、立子にとっては、美しい花だ。美しいんだけど、どうしても涙が出てくる。こんな悲しい句というかな。私は、桜を見ると、そのときの感じを何か思います。多分、私もそこにいたはずです。だけど、七つですからあんまり記憶はないんです。

「なぜ泣くやこの美しき花を見て」というのは、俳人の星野立子が、虚子を悼《いた》んでつくっている句です。本人はもちろん悲しくて涙をしているのでしょうけれど、もう一人の自分が絶対にいるなということを、私はこの句から確証しました。俳句というのは、自分がつくるのですけれど、自分がつくっていると同時に、他人がつくっている、もう一人の分身の人がつくる。そうすると、距離感が生まれるんだということを、その一句から私は教わりました。教わったといっても、わかるのに二〇年ぐらいかかっています。

星野立子という人は、とてもやさしい人でした。私が小学校のころ、鶴岡八幡宮の裏に塾があって通っていました。夜、始まるのです。あのころは暗くて人さらいが出てきそうなところでした。それで、帰りになると、立子が必ず迎えに来てくれます。塾の出口にぽつんと立っているんです。ほかの子はあんまり迎えが来ないんです。恥ずかしくて来ないでくれって言ったけれど、来ちゃうんです。来ないでくれというと、遠くでちょっと待っているんです。

そのとき俳句の話なんか全然しません。俳句の話もしなければ、何か、そういう、いろいろなことも何もしません。でも、今、考えてみると、何ていうんですかね、エネルギーをもらっていたというのか、魂を引き継いだっていうのか、何か、そういうようなことがあったのかもしれません。

向こうは、それを教えようとか、これをこうしようという気は全くないと思います。それがいいと思うんですね。そういう中で俳句というものは、私の身近な感じでありました。

星野椿の俳句

私の母の星野椿は、昭和五年に『玉藻』を創刊したときに生まれています。一人っ子で、スポーツなんかも好きな活発な人です。星野立子が、昭和四五（一九七〇）年に、病に倒れてからずっと、星野椿が、一緒に面倒を見ていました。昭和五九（一九八四）年三月三日に星野立子が亡くなったときに、彼女が『玉藻』の主宰になったわけです。その前ぐらいから本格的にやっていましたが。

星野椿の俳句は、実に感性でつくっているんです。ちょっとほかの俳句と違うんですね。ちょっと人がつくりそうでつくらないところ。つくりそうなところをつくるときもありますけれど、同じようなものを見ても、ちょっと違うものが作品に出てくる。これは、やっぱり感性。

これ、どうやったら、こうできるんだと、聞けないです。お料理の教室じゃないのだから、どうやってできるのっていったって、これ、わかんないわけです、本人も。本人だって、ふっとつくっているのだから。これはこうだから、こうして、こうなったのよっていう理論はないと思います。だから、おもしろい。

星野立子の下でずっと星野椿も学んでいましたし、また、『玉藻』で立子の次の選者をやっていた高木晴子さんの句会なんかも随分行っていました。そこでまた、違ったものももらっていたんじゃないかなという気もします。だけど、どっちに転んでも、具体的な方法はないのです。ですから、思うがままに、ぱっとつくってやっている。

椿は、俳句は勉強してもあんまりうまくならないと言っていました。私は勉強しているんですよ、実は。ですけど、うまいというのは、俳句の場合は、それほど褒《ほ》め言葉ではないんです。俳句はおもしろい句だというほうが可能性があります。だから、虚子の句でも、立子の句でも、おもしろい句、目のつけどころのおもしろいところ、そういうようなところが、私としては伝わってきたということの一つではないかと思います。

ですから、私は、ほんとうに運がよいのです。八五歳まで生きた虚子の中でのいろいろなもの、星野立子がそれを見ながら培ってきたもの、そして、星野椿がそれをまた見ながらというか、まねごとではないんだけど、何かつくった、そういうのを全部、私は見ています。見ていますから、失礼な話ですが、いいところだけというか、そういうようなものを、学べるチャンスが人より多かったんではないかなとは思っています。

『玉藻』千号の歴史を背負って

でも、俳句をやっていたからこそなんで、やっていなかったら、普通のお母さん、おばあちゃんですよ。だから、そういうことは生涯、感じなかったかもしれません。

六月から、私が新しい主宰ということで、千号という歴史を背負っているわけです。千号の歴史って、結構重いんですよ。だけど、それを真剣に考えると、ちょっと大変ですから、私は楽しくやろうと思っている。楽しく、前向きにやろうじゃないかと思っています。だけど、俳句は、高浜虚子とか、立子とか、椿の俳句を、模倣しているだけではいけない。

この間、新聞に出ていました。今の市川染五郎が勧進帳の弁慶をやる。これ、小さいころから家の廊下で弁慶の立ち居振る舞いをやっていたといいます。歌舞伎は、型の文芸ですから、そういうような稽古をいろいろしていました。俳句も、そういう中で、やはり、何か自分のもの、同じようなものではない自分の作品、しかしながら、それは決してご先祖さんを欺くようなものではない作品をつくらなければなりません。虚子とか、立子とか、椿、もっと上ると子規もいます。そういう伝統をどうやってこれから伝えていくかということがあります。

でも、それは、あんまり考えると大変なことです。それよりも、どうやって新しい自分の俳句を日々つくっていくかということです。考えても俳句はいいものはできませんが、それを自分の心の底に持ちながらやっていくということができればと思います。

高浜虚子が昭和三年に、「花鳥諷詠」、「客観写生」を発表した大阪の毎日新聞の講演があります。「客観写生」も大事だなと思いながら、私は、どちらかというと「諷詠」という言葉を大事にしていきたいと考えています。

ですけど、この諷詠というのは、じゃあ、それは何なのという答えは今はないんです。

諷詠というのは、非常に奥深い。花鳥はわかりますよね、花と鳥。花鳥諷詠というと、何か、花や鳥だけ詠んで楽しんでいるじゃないかと思われがちですけれど、花鳥諷詠の中には人のこと、人事のこと、いろいろなこと全てが入っています。それが、花鳥諷詠です。その中で、花鳥を除くと、諷詠なんです。諷詠というのを、どうやって進めていくか。この諷詠について虚子が語って、花鳥諷詠を一つの南無阿弥陀仏みたいなもので捉えられております。諷詠という奥深さ。

明易《あけやす》や花鳥諷詠南無阿弥陀

虚子もこの句で示しているように、簡単にいうと、諷詠というのは、さらっと詠うんだ、おおらかに詠うんだ、おおどかに詠おう、気持ちをおおどかにして俳句をつくろうじゃないかということです。これは、今の私の、今日の時点の諷詠です。また、いろいろ変化していくと思います。答えが出ないだろうと思いますが、そういうことを考えながら俳句というものを、もちろん新しいものを目指してやっていこうと思っています。

俳句は日本だけではなくて、今や、俳句は世界の俳句です。私は、平成二六（二〇一四）年四月にスペインに行ってきました。スペインに行って、俳句をつくって、スペインの人たちの前で、講演をしました。スペインの人たちが、そのときに私のところに駆け寄ってきて、おみやげですって、何かいいものでもくれるのかと思ったら、スペイン語で書いた句集三冊をくださいました。重くてどうしようかと思いました。まさか捨てるわけにいかないから、かばんの中に入れました。詠んでもわからないですから。スペインの人に聞いたら、スペインの俳句人口、一万人だと言っていました。一万人ですよ。そういう意味で、もう今や、日本の俳句だけではないんです。

その講演で、質問を受けました。俳句というか、雅《みやび》、つまり風雅《ふうが》とはどういうことなんでしょうという質問です。風雅とか雅、そういったものも高浜虚子、星野立子、星野椿は、深く味わっていました。味わっていたというか、俳句自体がそうではないでしょうか。そういうようなものを考えながら、俳句は続けていくということ、新しいものをつくっていくというのが大事だと思います。

先ほども言いましたが、虚子がまだ若いころ、まだ俳人になるつもりはなく、小説家になろうというときにも、正岡子規と碧梧桐、そして夏目漱石*は俳人になりたくて、俳句をやる、それから、森鷗外**、ああいう人たちもそうです。これは日本の歴史の一ページなんです。そういう中で自分のものをつかんできた高浜虚子、虚子が自分よりも詩人であると驚いた娘の星野立子、そして、それを献身的に看病しながら自分の俳句の境地を広めてい

*夏目漱石（1867-1916年）
なつめ・そうせき　小説家、評論家、英文学者。『吾輩は猫である』、『坊っちゃん』は、虚子が主宰していた『ホトトギス』に発表した。

**森鷗外（1862-1922年）
もり・おうがい　小説家、評論家、翻訳家、陸軍軍医。文学者として、また医師、官僚としても著名。

った星野椿、さて、私はどうしたらいいのか。

ここで急に男の主宰になるわけです。でも、考えてみると、三代目ですけれど、虚子は影の第一代目ですよ。だから、ほんとうは、私は四代目だと思っています。ですから、女流俳句雑誌の主宰を男がやっても全然おかしくないだろうと、勝手に決めています。ですから、女性の俳句のきめ細やかさ、感性、そういうものも大事にしながら、私自身の俳句も伝統をそれずに、大事にしながら、まだ誰もやっていないところを詠いたいなと思っています。

虚子が、立子が、椿が大事にしていたのは、座ということです。つまり、運座です。皆さんが集まって、俳句の会で、座というものをやっていました。座というものの中で、切《せっ》磋琢磨《さたくま》しながら、いい俳句を残していく。残るかどうかわかりませんけど、そういうようなことを目指しながら、やはり伝えていきたい。何かを伝えていきたい。何を伝えるということはないんです。ですけど、ご先祖様がずっと守って来た中の何かルーツ、こういうものを、私は微力ながらどこかに伝えていければいいなというふうに思っております。

福田歓一先生と私

佐々木毅

ささき・たけし
一九四二年生まれ。政治学者。東京大学法学部卒業。元・東京大学総長、東京大学名誉教授。

福田歓一

ふくだ・かんいち
一九二三―二〇〇七年。政治学者。東京大学法学部卒業。元・東京大学法学部長、東京大学名誉教授。

一九六〇年代の日本

私は東京大学に一九六一年に入学、六五年の春に卒業しました。六〇年に安保改定問題があり、学生たちの運動が大学内でも盛り上がった年です。秋田の高等学校でそれとは無縁な日々を送っていたので、あまり実感がなかったのですが、六一年に入りましたら、先輩たちは何か虚脱状態みたいな感じだったので、それだけ六〇年というのは学生にとってはたいへんなインパクトのあった年だったと思います。

そして、卒業する前の年の六四年、四年生の秋が東京オリンピックでした。高度成長というものが私たちの周りで吹き荒れていたと言ったらおかしいですが、まさに高度成長の時代の真っただ中というふうに、今見ると見える時代でした。しかし、真っただ中にいた本人たちは、まだ何もわかっていないわけで、ただ、就職その他がたいへん好調であって、もう四年生の春ごろにはどんどんいろんな形で皆さん将来を決めていました。勢いがあったというか、気持ちが高揚していた時期だったような記憶があります。

ですから、漠としていましたが、就職する人たちも将来に対する希望というものは確かにあったかなと思います。今、いろいろ映画か何かで、あの時代はこういう時代だったと言われると、まあ、そうかなと改めて思いますが、歴史の真っただ中で時間を送っている人間にとっては、無我夢中で生きているということに尽きると思います。

六〇年代は日本にとっても大きな転機の時期です。もう一つ、私の人生にとって忘れられないのは、東大紛争*です。これは六七年ごろから、特に六八年、六九年にかけて、キャンパスの中でたいへんな抗議行動と衝突が起こりました。これがもう一つの六〇年代後半の私の体験で、時間があれば少しお話ししたいと思います。

その意味では、私はちょうどこの安保改定もなく、東大紛争もないところで六〇年代の四年間を送り、後でお話ししますが、その後、研究室に入ってからも、いろいろな大きな動きというものがない中で、若い研究者としての生活をスタートすることができました。法学部の助教授になったのが六八年の四月です。紛争が始まったときに助教授になったということで、やや自嘲ぎみに申しますと、紛争対策要員的人事かという感じもしなかったわけではありません。私も教員として、東大紛争というものに直面することになりました。ですからちょうどこの合間の静かであった時の話が、だいたい今日のメーンのテーマです。

六〇年代というのは何があったのかといわれると、高校生のときですけど、所得倍増計画といいましょうか、当時の言葉で言えば月給倍増論が登場してきたというのが印象に残っています。政治家というのはペースをチェンジするのが実に上手なものということをつ

＊東大紛争

主に学部生・大学院生と当局の間で、医学部処分問題や大学運営の民主化などの課題を巡り争われた。末期の安田講堂事件の影響で 69 年度の入試は中止となった。

くづく感心した記憶があります。六〇年代は黄金の六〇年代と言われるように、世界中で経済が非常に好調な時期であったということはよく知られていた事実で、日本もある意味でそれに歩調を合わせてというか、便乗したという面もあったのかもしれません。

ほんとうに倍増したわけですから、すごい一〇年だったと思います。国際関係は、そして特に政治学を学ぶ人間たちにとり何が関心事であったかということともつながりますが、まだまだもちろん冷戦の真っただ中で、アメリカでケネディ*が大統領になったのが六〇年代ですが、フルシチョフ**、ケネディというトップリーダーの間で、キューバ危機というのもありました。そして私が大学三年生の秋でしたが、ケネディ暗殺事件が起こったということ、これも歴史的な事実としてたいへん印象深かったわけであります。

ちょうどアメリカ政治外交史という斎藤眞***先生の講義を聞いていた学期にこれが起こりました。この講義は南北戦争からのアメリカ史でありましたので、とてもケネディまでは届かないんですが、さすがにあの事件があって、世界中に衝撃が走り、そこで一回分、あるいは半分ぐらいだったかもしれませんが、授業時間を割いて、今度の暗殺事件、あるいはそれに至る経緯について先生からお話を伺った記憶が生々しく残っています。あれは、非常にショッキングな事件でありました。

もちろんその前のキューバ危機も、何だったのかよくわからなかったのですが、それに

***ケネディ**（1917-1963年）

John Fitzgerald Kennedy　第35代アメリカ合衆国大統領（在任1961-63年）。43歳で就任、キューバ危機を回避するなど期待されていたが、テキサス州ダラスで暗殺された。

代表されるように、政治はまさに冷戦時代そのものでありました。今から見ると、あの時代は経済の時代だったと思いますが、中で生きていた人間たち、特に若者にとっては、やっぱりイデオロギーそのものが猛威を振るっていたという感じがしていました。ちょうどそのころに中ソ対立というのがぽつぽつ始まってきたということであって、それが六〇年代後半に爆発するということにはなったわけですが、でも基本的にイデオロギーの時代でありました。

政治学の勉強をしようというときに、イデオロギーという問題の比重が非常に大きかったということも間違いないところです。実際に政治がどうなっているかということに興味を持つ人ももちろんいたと思いますが、それよりはやっぱり二〇世紀の中盤、あるいは二〇世紀の前半以降の政治の動き、何よりも、われわれの対象とする読書の世界のほとんどがそういうもので占められていました。勉強しようと思うと、何とかイズム、何とか主義というものの厳しい対立、そういうものしか見当たらないし、そういうものを多くの人たちが学生として読んだり勉強したりしたという時代だったと思います。

裏を返すと、利益政治というような話はわれわれにはほとんど興味がなかったし、あんまり聞いたこともありませんでした。何かそれは政治の姿としてはレベルが低いんじゃないかという思いがありました。それよりは理念とか思想とかイデオロギーとかというよう

***斎藤眞（1921-2008年）

さいとう・まこと　政治学者。東京大学名誉教授。専門はアメリカ政治史。

**フルシチョフ（1894-1971年）

Nikita Sergeyevich Khrushchev　ソビエト連邦共産党第一書記と首相を兼務した第4代最高指導者（在任1958-64年）。スターリン没後、その独裁恐怖政治を批判、集団指導体制をとり、西側との平和共存を図った。

なものが政治を語る主たるワーディングというか、語り方であると何となく思い込んでいました。私よりももう一世代上の人たちは、もっと思い込んでいました。時々、当時も耳にしましたが、おそらく、歴史は一つの方向へ向かって動いているんだというようなことを、多くの学生たちがほんとうに思っていました。

そういう中で、マルクス主義の影響というのはいや応なしに一度はくぐらなければいけない関門になっていました。私も高校生のころは入学試験に受かることぐらいしか考えたこともありませんでした。しかし、大学に入ると、マルクス＝エンゲルスの薄いいろんな文庫本とかいったものを先輩たちがみんな読んでいるという世界に初めて遭遇しました。皆さんご存じのような名前の本ですが、『共産党宣言』*から始まっていろんなものを洗礼的に、大学へ入った以上は、これを読んでみろとか、あるいはみんな読んでいるというような感じの世の中でした。

われわれのちょっと上の世代はもっと強くそういうインパクトを受けた人たちです。昭和一〇年ぐらいの生まれ、あるいは一桁の人たちはもっと強くインパクトを受けただろうと思います。われわれのころはそれほど強いインパクトはなかったかもしれませんが、やはり歴史の方向性というものに対して、何らかの方向感覚を持たなきゃいけないではないかと思っている、あるいはそういうふうな歴史の方向感覚は獲得できるものだ、あるいは

＊『共産党宣言』
1848年にカール・マルクスとフリードリヒ・エンゲルスによって書かれた。1904年、幸徳秋水・堺利彦によって初めて邦訳された。その後さまざま訳がある。

勉強できるものだと、そういうふうに考えていたように思います。

今と非常に違うのは、例えば翻訳一つとっても、利用できるものは限られていました。今もそれは無制限ではないと思いますが、だいたい、前の世代がいろんなものを翻訳したり何か書いたりしてくれているものを読むことになります。われわれが六〇年代の初めで出あう作品は、五〇年代のものもぼつぼつありますが、だいたい三〇年代のものとか四〇年代のものが多く、出版事情も今と違い、いろんな点で、よく言えば古典的というか、前の時代のものを大切に読むという、拳拳服膺《けんけんふくよう》するというような勉強の仕方しかなかったと言えると思います。

法学部の学生たちは政治学で何を勉強していたか

そこで、少し政治学のありさまをお話ししますと、東大の政治学でやっぱり一番大きかったのは、丸山眞男**『現代政治の思想と行動』***に出会ったことです。私は寮に入っていたので、先輩に、とにかく金がなくてもこの本は買えと言われました。当時は二巻本で、わかったのかわからなかったのかもよくわからないのですが、政治学というのは経済学じゃないんだからということで、政治学科の多くの学生たちはあの『現代政治の思想と行動』

**丸山眞男（1914-1996年）
まるやま・まさお　政治学者、思想史家。丸山政治学、丸山思想史学といわれる体系を築いた。

***『現代政治の思想と行動』
未来社、上巻1956年刊、下巻1957年刊。のちに、増補版、1964年刊、新装版、2006年刊。

という本を読むか、読んだふりをしていたということだろうと思います。

これは、非常に大きな意味があったことだと私は思っています。一つには、日本において政治学というのがどうあるべきかという問題がずっとわれわれ政治学を勉強していた人間にとって、当時は切実なものがあり、マルクス主義の立場に立てば、政治学なんていうのは大して意味のあるものではないかもしれない、というそこはかとないコンプレックスというのか、あるいはそういう気分がなかったわけではないということがありまして、それに対して「科学としての政治学」というのを丸山先生はあの本で主張しているんですが、例えばそういう題、それからそこでの立論といったようなものは非常に新鮮に思えたわけです。

同時にイデオロギーというものについてもあの本の中でいろんな角度から政治学的に検討されています。当時はよくわからなかったんですが、その意味で言えば、あの『現代政治の思想と行動』というのは、われわれ六〇年代に政治学を学び始めた人間たちにとっては、意識しないとするとにかかわらず、大きな出発点を事実上、つくったんじゃないかと思っております。

「科学としての政治学」ということに対して、もちろんマルクス主義政治学というのもありましたし、いろんなものがあったわけであります。ただ東京大学の政治学科は、「科学としての政治学」というので何を意味するかは、これは議論するとなかなか難しいんですが、当時としては、マルクス主義ではない新しい政治学、あるいは政治についての認識を深めていこうという、そういう全体的な雰囲気というものを共有していたように今でも記憶しています。

政治学をどう勉強したらいいのかということについて、一番、入りやすいのは、現実の政治が非常にイデオロギー中心なものですから、思想史を研究することだったんですね。そしてそのマルクス主義も自由主義も出どころはヨーロッパ、アメリカですから、欧米の政治思想の勉強というのは、当時の政治を読み解くためにも、とにかく誰であろうと一度はくぐっておかなければいけないように見えた、と私は思っています。ほんとうに全員がそう思ったかはわかりませんが、とにかく、一八世紀以来生み出された普遍的なイデオロギーでもって世界が二極化し、そこで相対決しているということでありますから、この背後にある思想的な問題というのを解いてみたいというのは、入り方としては自然だったような感じがしています。

思想史の勉強をしようという全体の流れの中で、日本思想史の研究者というのはむしろ少なかった。やはりヨーロッパ思想史をやろうという人たちがたいへん多くて、後で考えれば私もその中の一人の学生だったということかと思います。

そういう入り方というのが比較的ポピュラーでありますから、政治学会というところにいきましても、思想史の勉強をしている人が実に多く、行政学と政治史はちょっと別なんですが、いわゆる政治学全体の中で、思想史をやっている人たちがやたらに多くて、俗な言葉で言えば少々大きな顔をしていたという感じがしないでもないのであります。

これがだんだん変わってくるのが七〇年代になってからだと私は思っておりますが、六〇年代はややそういう全体的な政治の動向というものに無関係ではなかったかなと感じています。

法学部の授業も、おそらく今と比べると随分、小ぢんまりとしていたと思います。その後も同じような仕組みはとられますが、ヨーロッパ政治史、日本政治外交史、外交史、行政学、国際政治、それから思想史が東洋と西洋、日本ですね。こういうような構造でありまして、今のカリキュラムからすると、例えば比較政治のようなものは非常に例外的なものであったと記憶しております。

もうちょっと社会科学のほうにスコープを合わせていくと、マックス・ウェーバー*の問題提起というのは当時、多くの学会の議論に及んでおりました。私が大学四年生のときがちょうど生誕一〇〇年ということであり、当時、いろんなシンポジウムが行われ、東大でもやられまして、幾つかの本が出版されると同時に、翻訳、特に『経済と社会』を含めて

*ウェーバー（1864-1920年）

Max Weber　正式にはKarl Emil Maximilian Weber　ドイツの社会学者、経済学者。

**マルクス（1818-1883年）

Karl Heinrich Marx　プロイセン王国（現ドイツ）出身でイギリスを中心に活動した哲学者、思想家、経済学者、革命家。

たくさん大部なものが出版されました。それを目指してなのか、それを契機にしてか、その辺のことは僕は学生ですからよく存じませんけれども、おそらくドイツ以外でウェーバーにこれだけ興味を持ったのは日本だけだったと思います。

マルクスとウェーバー**というような、そのことは何を意味するのかといって、酔っ払って大いに議論していた記憶もあるんですが、それが六四年の雰囲気であります。当時の経済学部に大塚久雄***先生がいらして、大塚先生もウェーバーの翻訳その他をおやりになっていました。ちょうど先生、ご退官も間近だったと思うんですが、六四年に社会科学方法論という特別講義を開講になって、当時まだ若かった安藤英治****さんという方が講師として来られました。

この特講は社会科学方法論ですから、「社会科学の方法について」という論文に限らず、それに先立つ『ロッシャーとクニース』とかについて、たいへん、難しいおそらくものすごく高度な授業を聞いただろうと思いますが、鮮烈な刺激を受けました。ですから六四年というのはオリンピックだけではなくて、ウェーバー生誕一〇〇年という年でもあったということで、当時の日本の学問水準の高さを痛感させられた特別講義の一つだったという記憶があります。

逆に言えば、今のようにカフェテリアみたいにいろんな授業があった時代ではないし、

***大塚久雄（1907-1996年）
おおつか・ひさお　経済学者、歴史学者。大塚史学といわれる体系を築いた。

****安藤英治（1921-1998年）
あんどう・ひではる　社会学者。成蹊大学名誉教授。

大学の数は圧倒的に少ないし、したがって授業の数も限られた数しかないので、今の人から見たらまことに小規模、そして見方によっては退屈な時代だったように思われるかもしれません。でも、たまたま六四年ということで、マックス・ウェーバーの特別講義、社会科学方法論というような講義を聞いたのも、われわれの学生時代の思い出としてはちょっとしたエポックだったというふうに思っております。

そういうことで、マックス・ウェーバーというものを読む学生も随分増えてきて、『職業としての政治』*だとか、ぼつぼつ読むようになってきました。私の学年が最後だったのですが、今とちょっと違うのは東京大学は文科一類と二類しかありませんでした。文科一類に入ると、法学部へ行くか経済へ行くかを決めて、そしてその中のまたどこへ行くかという話で、経済へ行くか行かないか迷ったあたりでいる学生がだいたい政治コースに来ていたのではないかと思います。ジャーナリズム志望とかいろんな人たちが当時も今も変わらずいたわけであります。

私が知っている限りでは、当時の学生は、たいへん皆さん熱心に勉強したかというと、時々、四人、肩を組んでどこかへ消えてしまって、卓を囲んでいる人も結構多くて、果たしてちゃんと勉強していたかどうかわかりません。それからわれわれ法学部では政治コースでも、民法を一二単位とらないと卒業できないということですから、実定法も勉強した

＊『職業としての政治』

1919年、大学生に向かって行った講演の内容をまとめたもの。西島芳二訳、岩波書店（岩波文庫）、1952刊。脇圭平訳、岩波書店（岩波文庫）、1980刊。

わけです。たいへん失礼な言い方になりますが、おしなべて言えば、法律の授業なんかも随分、今では考えられないような鷹揚な授業があったように記憶がしていますが、それに比べると、政治コースの授業はおしなべて非常に詰め込み的にといいましょうか、質的・量的に重かったという感じがしています。法律のほうは、授業は鷹揚ですが試験は決して鷹揚ではないんでありますが、全体的に政治のほうは試験も鷹揚ではないし、授業もたっぷりという感じが私の印象に残っています。

ですからどの授業もおもしろいと同時に疲れる。新しいことがどんどん入ってくる。ざわつくとか私語をするとかという話は論外としても、始まって一五分ぐらいたつと、次に先生は何をしゃべるのか、何をどういうふうにお話しになるのかというようなことについて、教室の緊張感が異様に高まってきて、逆に言うと、先生にプレッシャーかけていたのかもしれませんね。先生にとってもたいへんプレッシャーだったかもしれませんが、そういう雰囲気の授業が非常に多かったですね。

先生によって大分タイプが違うもんですから、よどみなくお話しになる先生もいるし、ちょっと引っかかったような感じでお話しになる人もいますが、わざと引っかかったような感じで緊張感を盛り上げているようにも受け取られました。いろんな先生がおられましたが、質、量ともに、おそらく当時の世界で見ても圧倒的なレベルの高い話を、そして斬新な話を、われわれは聞くことができたというのが何よりも学生としては幸せなことではなかったかなと思います。

今、とかく言われるように、何単位を与えるには何回授業をやれとかいうことを、うるさく言っていることに満足しているような時代ではありませんでした。ともかくできるだけレベルの高い、そしてぎりぎりの、要するに昨晩に先生が思い立ったような話を聞けるかもしれんというぐらいの感じで、随分、生意気な学生が多かった。そして、誰かがその授業の内容をガリ版で書きおろして、それをまたプリントという格好で生活協同組合で結構高く売る。そうすると四人で卓を囲んでいたグループはそれを買って、何とか間に合わせるというようなことをやっていまして、補助的システムはそれなりにちゃんと整っていました。

今のようないろんな文明の利器はないわけですし、まず録音テープも、録音装置もごついのしかありません。七〇年代になってから録音を学生がするようになってきて、同じ時間になるとぱっぱっぱっとあちこちで音を立ててあくというような時代になったんですが、六〇年代はそれもありませんので、ひたすら書く。そして不安な人は、販売されたプリントを買う。結構いい値段したものですが、それで不安なところは補う。あるいは聞き漏らしたところをチェックするとか、そんなようなのが学生たちの勉強の姿であったと思います。

福田歓一先生の政治学史の講義・演習

福田歓一先生の政治学史という科目を聞きましたのは、一九六四年の四月から九月にかけてです。当時、私がとったノートが三冊あり、五〇年前に目次をつくってあったのでこれを参考にしてお話しします。今に比べると、随分、授業が始まるのが遅くて、四月一四日から始まって九月二八日まで。もちろん夏休み挟んでやっているということであります。私のメモも怪しいので、正しいかどうかよくわかりませんが、一〇月近くまで授業があって、そして最後なんかはおそらく超特急で走ったのではないかと思います。最後は産業革命、功利主義、トクヴィルとか書いていますから、これはおそらく勉強しておけというような形の話であったかもしれません。

六四年の四月から九月までの先生の授業ですが、後に『政治学史』*という本が出されていますので、興味のある人にとっては、このノートは一つの材料かもしれません。もちろん当時のお話と、後のお話とではいろんな違いがあると思いますが、基本的に構成はあまり変わっていないように見受けられます。

*『政治学史』
東京大学出版会、1985年刊。

授業に出た感じからしますと、とにかく情報の量が圧倒的に多かったのに加え、情報の質が高いということ、ということはつまりお話が難しいということ、これが全体の印象でした。先生は何しろ一高雄弁部ということだったようでありますので、ものすごいスピードで滑らかにとめどなくお話しになりますので、学生としては青息吐息で、終わると先生がお疲れになる前にこっちがアウトになってしまうというような感じの印象を持っています。

それと同時に、毎回、新しいことが随分、多かった。聞いたことがない話がもちろんたくさん出てまいります。ほんとうにとにかく無我夢中で二時間弱の時間、必死になって、何と言いましょうか、馬の尻尾にぶら下がって、振り落とされないようにしがみついているというような感じであったと思います。特に古典古代なんかのお話は、われわれもお話を聞く機会が少ないものですから、ものすごくおもしろかったし、それから中世の話も、当時の戦後の日本では封建的というのは特定の意味があったものですから、そういうのとは切り口からして全然違うお話を聞きました。それから私個人にとってはマキャベリ*の話がまた非常に新鮮で、なるほど、こういうふうに議論するもんかということを、ものすごくある意味でショックを受け、かつ勉強いたしました。

近代のところになりますと、先生ご自身の論文が当時未だ、『近代政治原理成立史序説』**

*マキャベリ（1469-1527年）
Niccolò Machiavelli　イタリア、ルネサンス期の政治思想家、フィレンツェ共和国の外交官。

**『近代政治原理成立史序説』
岩波書店、1971年刊。

といった形で出ていなかったんですね。論文としては南原記念論文集とかいろんなものに収録されていましたので、必死で読みましたけれども、今の若い人が読んでおわかりになるかどうかわかりませんが、当時の私らにとっても非常に難物、難解でありました。そして近代になるとまさにホッブズ***から始まって、その議論が続いていくということで、少し勉強しておくと、少しはお話を聞くときに入りやすかったというか、先生のおっしゃることの意味がフォローをよりできやすかったという経験があります。

ルソー****ももちろんその一つであります。ただルソーから後は、時間が足りなくて、ヘーゲルまではともかく行きたいというようなことを私は耳にしたような記憶があります。学生の身分としては、試験の範囲がどんどん広がる一方なものですから、もうヘーゲルはいいから、もうちょっと早く終わってくれ、そういう勝手なことを学生同士でぶつぶつ言っていた授業でございました。当時はあまり補講とかいう習慣はありませんでした。一九世紀は政治思想の歴史という観点からすると、先生もいろいろなお考えがおそらくあったんだろうと思いますが、とにかく時間がなかった。後でお聞きしたんですが、一九世紀についてはやっぱりそれ自体で研究書をお書きになりたいと思っていたということをおっしゃっていましたので、いろんな思いがおありになったと思います。

そして、一〇月から今度は演習に私も参加しました。そのころには、いよいよ研究者に

****ルソー（1712-1778年）
Jean-Jacques Rousseau　啓蒙思想の時代にフランスで活躍した政治哲学者、社会思想家、作曲家。

***ホッブズ（1588-1679年）
Thomas Hobbes　イングランドの哲学者。

なろうかという話にもなっていたものですから、参加は当然といえば当然であります。私の学年のときの演習のテキストは、トマス・ホッブズの『リヴァイアサン』*をお使いになっておりました。当時はコピーもないし、もちろん日本語ではなくて英語を読んだんですが、みんなどうしてテキストを持ってきたのかわかりませんが、私はEveryman's Libraryとかいうのを神田の古本屋か何かで見つけてきて、それを持って参加したという記憶があります。

この演習はものすごい演習で、初めて本を読むということが、実に恐ろしい仕事だなということを、体験学習をさせていただきました。今でも同じことですが、『リヴァイアサン』は大部なものですから、多分、第一部までしか行けなかったと思います。それで第二部もそうですが、特に第一部については先生もいろいろ論文で扱っているということもあるので、こっちもある程度のことは知らなかったわけではないんですが、具体的にこの外国語を読むということがどういうことか、読むということがいかにその浅さ、深さ、この絶望的な差というものが大きいかということを、骨の髄まであの半年間でたたき込まれたと言うとたいへん失礼な表現になりますけれども、教えていただきました。

だいたい七人か八人、学生がおりました。みんなどういう心理状態でつき合ったかは分かりませんが、私は職業が絡んでいたもんですから、必死になって準備をするということ

*『リヴァイアサン』
1651年に発行された国家についての政治哲学書。水田洋訳、1-4巻、岩波書店(岩波文庫、改訳版)、1982-1992年刊。

をやっていました。一つ一つの言葉というものを、どっちから見てどういうふうにこれを解釈したり位置づけたりするのかということをホッブズは全部意識しながらやっているんだけども、それを何か辞書を引いてきて日本語にすれば読んだつもりになるなんていうのは何もわかっておらんという、一言で言えばそういう話にも通ずるようなことで、あまりにも学生の発言内容は浅いものですから、結局、最後は先生が三〇分ぐらいお話しになり、先生が大きな声でお話しになると、学生はだんだん下を向いていくというような感じもちょっとあったんです。私が体験した演習の中で、最もドラマチックな演習でありました。

私の記憶では、先生はよくこう言っていらしたと思います。テキストは、見る人が見れば、それは決して平板な印刷ではない。そこに山、とんがっているところ、それから引っ込んでいるところというように、活字が実は自己主張しているんだと。それをべたっとして読んじゃうと、それを全部切り落としてしまう。そこではいろんな伝統やら、当時の状況やら、いろんな背景でもって、活字は活字なんだけれども、それが盛り上がって、山になっているというのか、こっちに向かってアピールしている。

それはもちろん見る人が見ればの話であって、何も見えない人にはべたっとした話になる。そこが本を読むというときの一つのこたえられないおもしろさと興奮というものにつながるのではないか、というようなことを多分おっしゃっていたと思うんですが、こっちはみんな辞書引くだけでもたいへんなもんですから、なかなかそれを楽しむようなところまでは行けませんでした。しかし本を読むということはどういうことかということについて、その演習に参加して初めて体験学習をする機会に恵まれました。その後、私が大学で学生たちを指導するときにもなかなかできないんですが、少々まねごとをやってみようかと思って、何十年か繰り返してきたんですけれど、なかなか成果が上がりません。そのためにも時間を十分とって、じっくり取り組むという姿勢がないと、このような話は始まらないんです。当時は、例えば『リヴァイアサン』を読んで四分の一で終わっても、別に学生は文句言うわけでもないし、最後までやらないのはけしからんとか、そんなこと言うわけでもないし、その意味で言えば、たいへん懐かしい演習でありました。

とにかくどう読むんだということについて、先生から教わって、それをもとにして、次回はこう読もうとか、こう読めるんじゃないかとかということを少しずつ見よう見まねで一時間、二時間考えるというような、そういう時代だったと思います。

研究者への道

先生の授業が六四年の春から始まり、今から思うとその後の日本と比べて当時はみんな貧しいので、私もそろそろ先のこと考えなきゃいかんなということになりました。たしか六四年の五月ごろに、私の父親がたまたま東京に来まして、もう来年からは経済的支援はなし、何とか自分で食ってくれという話で、それはそうだろうということになりました。私には妹や弟がいましたから、そっちのほうの進学だ何だという話だったわけで、とにかく食べなきゃいかんと、こういうことになります。

そうすると、まずはやはり今風に言うと、就活ということになります。とにかくぎりぎり、将来に対する生活基盤をつくらなければいかんということで、いろんなところに行き、就職を決めてもらったりするようなこともいたしました。ついでにウナギをごちそうになってきたり、私も一当たり社会勉強しました。もう一つの道は、東大法学部の助手を若干名募集するという掲示がいつも春になると出まして、これにトライしてみるかということを考えました。大学院に入るという手もあったのですが、経済問題をどうするかということを考えなければならないので、地方から出てきている人間にとっては一段と難しい問題もあったわけであります。

当時の日本は経済が絶好調だったということもありますので、大学で研究しようという人はほとんどいなかったというのが実態であり、結果的に見てもそうだったと思います。

それで、特に法学部の助手は、学生のうわさでは大分、成績がよくないとだめらしいとかいう話があって、私も後で教授会のメンバーになったもので、どういうメカニズムになっていたかはよくわかったんですが、法学部の少々ややこしい試験で、優が三分の二なきゃいかんとか、何かいろんなことがあって、そういう形式要件みたいなものもありました。

私は、何とか形式要件だけは低空飛行でも行けそうだというところになったんですが、こちらの能力と、それからお相手してくださる先生がいらっしゃるかどうかというのが最大の問題であります。そこで五月ぐらいに、この授業でいうと、古典古代が没落したぐらいだったと思いますが、連休明けぐらいに、授業が終わった後、突然先生に、たいへん失礼だと思ったのですが、ちょっとご相談がありますということで、一世一代の清水の舞台から飛びおりる覚悟で、希望を申し述べるに踏み切ったわけです。

それまではもうどうにもならないわけですが、そのころちょうど成績がわかってくるのです。その日はそれで終わったんですが、「ああ、そうかい」という話で、「じゃあ、今度いつか少しゆっくり話を聞こうじゃないか」というお話で、また一回ぐらい時間とってくださりお話をさせていただいた記憶があります。私がどんなことに興味を持っているのか、どんなことを勉強したいと思っているのか、あわせて「西洋政治思想史なんか勉強しても飯は食えないよ」という話を陰に陽に繰り返しお話しなさいました。そう受けとめました、私はですね。

それで、ほんとうに優秀だった人だけど、断念していったこういう何とか君という人がおりましてねというようなお話をされました。今さらそういうことを言われても、西洋政治思想史なんかを勉強しても、そうお金がどんどん入るような生活が送れるなどとは誰も思っていないわけですからいいんですが、先生としてはマーケットリサーチをそれなりにしてくださった。私もその後、それをたいへん、拳拳服膺いたしまして、学生が研究者になりたいと言うと、まずそれを吹っかけることにしたわけでありました。後で誤解に基づく不幸は避けたいということもあったわけです。

それと先生がこういうことをおっしゃいました。成績がいい人が研究者に向いているとは限らんということもご自分の体験からして痛感しているところであると。したがって、君はもしその意志が変わらないというのであれば、夏休み中にしかるべきものを書いて持ってきなさいということで、とりあえずこれが一連の事前審査の結論ということになったわけです。

これが六四年のおそらく六月ぐらいだったと思います。私もあんまりほかの人がどうしたとかいうことを知らなかったものですから、まあ、そうかというわけでありました。ただ辻先生のところで行政学を勉強し、兼助手になるという友人がいたので聞いてみると、彼は、「えー、君、そういうこと言われたの？俺は言われない」と。やっぱり私のほうの成績が悪かったのかもしれないというふうな話なんですが、ともかく僕はそういうことで、夏休みに作業することになりました。六四年の夏休みは、ちまたはオリンピックで何だかんだと言っているんですが、こっちはそれどころじゃなくて、何か今思っても、すごく暑い夏だったという記憶しかありません。しょうがない、こうなった以上、逃げるわけにもいかん。そうしたら七月の初めに先生から呼び出しがあって、君は、やる気があるかどうか、ほんとうに書くつもりがあるのか、と聞かれました。じゃあ、たしか九月の一〇日までに何か論文を提出するようにということになりました。あるいは一五日かもしれません。それが締め切りだというような話でありまして、わかりましたということで帰りました。

実はその九月の一〇日か一五日だか、要するにそれが助手の応募締め切り日だったんですね。お昼が届出の締め切りなので、一〇時までに持って来いというお話でした。だいたいが準備不足なものですから、前の晩になって清書が相当残っていまして、下宿の隣の部屋の船舶工学科の学生にも手伝ってもらって、徹夜して清書し、その当日の朝、何かこの日もえらくいい天気だったと記憶していますが、ふらふらと先生の研究室に出かけました。それがまた妙なことに、先生、おやめになるときに、研究室を片づけたら、そのときの僕の論文が出てきたということでありまして、数十年前の証拠品を先生からいただくとは夢にも思いませんでしたが、先生のお陰で、これが残っちゃったんです。

「ニッコロ・マキャベリ、ルネサンス政治理論の典型」とか何かわけのわからないことをおそらく書いていたに違いないんでありますが、見ましたら、ページ数も打っていないほど慌てふためいて、とりあえずとじて持っていったという代物でありました。当時のことですから、もちろんマキャベリを書くといいましても、イタリア語は読めないし、いろんなことで間に合わせの仕事をしたんだと思いますが、何でマキャベリをやることにしたのかということでいえば、イデオロギーにうんざりしていたというのがありました。少なくともマキャベリを読んでイデオロギーを味わいたいという人はほとんどいないと思いますので、権力という問題を中心に政治を見ようという一つの典型的な例であります。そのことは丸山先生の『現代政治の思想と行動』のいろんな論考からも刺激をおそらく受けたんだろうと思いますが、どういうわけか大学に入ってから、何かというと読んでいたものですので、今さら新しいものと取り組んでもどうにもならない、できるかどうかやってみようやということでした。

ということで、その九月当日、出頭しました。先生、こうおっしゃる。もちろん、「確かに受け取った」と。「ただ君、もうあと二時間後に締め切りだから読めない」と。「しかし今日持ってきたんだから、一応指導予定教官として判はつきましょう」と。「ただ、読んでみてだめだったら取り消すから覚悟しておいてください」と。「それはおっしゃるとおりで、読みもしないのに判をいただくというのはまことに恐縮至極ですから、それは何の異議もございませんので、よろしくお願いします」と言って、眠くて眠くてふらふらしながら下宿に帰り着いた記憶があります。そこでとりあえず首の皮一枚で何となくつながったわけであります。

先生もどう思われていたのか存じませんが、それから一週間ぐらいして、「まあ、一応書けているよね」という話で、「取り消しはなしだな」という話にかろうじてそこでなったわけであります。そこで教授会にかかって、何とか研究生活に滑り込むことができたというのが六四年の僕にとっての最大のイベントであって、オリンピックはどうでもよかったという話であります。

ほんとうにその意味では先生の教えとご厚意ある配慮によりまして、ようやく人生の一こま、一つのこまが回り始めたということだったと思います。おそらく誰しもそういう瞬間というのはそれぞれお持ちだろうと思います。あそこがこうなっていたらその後の人生はこう変わったとかということはあると思いますが、私にとってはそこが一番の大きな、当時の私としては、これはもう人生最大の転機だったと思っております。そういうことがあって、後で、先ほど言った『リヴァイアサン』の演習に参加するということになったわけであります。

そして六四年の冬学期に、これも私のノートがまだ残っていたんですが、東洋政治思想史で丸山先生の授業を聞きました。丸山先生ですから、現代政治のお話でも聞けるかと思って、たくさんの学生が来たら、『古事記』から始まって、みんなずっこけちゃって、何とも言えない雰囲気になったという学生が多かったんです。鎌倉仏教までのお話を聞きました。これもたいへん印象に残っている授業でありました。またそこで先生は、マキャベリのことなんぞに触れられまして、私もたいへんそこで刺激を受けるということになり、あわせて福田先生のゼミで毎週、毎週、味わえないような高揚感を味わって、研究者への道に入っていったということでございます。

助手から助教授へ

そこで研究室へ入りまして、私の学年は四人が助手になりました。大学院が二人ぐらいでした。助手になった四人のうち、二人はもう故人になってしまいましたが、助手時代はほんとうに黄金時代で、勉強ばかりしていればいい、ほかに誰も何も言わないということであります。何を勉強していたかというお話を少ししたいと思います。

先生に、「助手になりました。ありがとうございます。どういう勉強したらいいでしょうか」と。そうしたら先生いわく、一つは、ウェーバーの『宗教社会学論集』のような大きいもの、あれはやっぱり読んでおいたらいいんじゃないかと。それから、これは専門の話になりますけど、カッシーラー*の『Das Erkenntnisproblem』というのがあるのですが、今は翻訳があるかと思いますけれども、ドイツ語で何冊もあるようなものです。私たちが生きていた時代は、まだ教養というとやっぱりドイツ語的なものが圧倒的に多く、ウェーバーはもちろんのことであります。ですから儒教と道教とかヒンズー教とか、こういったものなんかも助手時代、読んでおけということを言われました。

それから学生時代から先生に言われましたのは、法律を勉強しておけと。法律を嫌いで政治を勉強しようなんていうのはとんでもない、見当違いも甚だしいということです。法律が嫌いですから政治の勉強をしていますなんていうのは、やっぱり基本的に大きな問題があるということを言われまして、確かに先生のいろんな解釈のお話を聞きますと、法律というものの持っているある種のおもしろさ、大事さというものがよくわかるんであります。

それから、西洋をやるためにはどうしても英語だけじゃだめで、ドイツ語、フランス語をまずはやっておけと。もちろん専攻によってはもっと違うものもやっておかなきゃいかんと。それでもし君がマキャベリをやるのであればイタリア語をやらなくちゃいけないと

*カッシーラー（1874-1945年）
Ernst Cassirer　ユダヤ系のドイツの哲学者、思想史家。

いうことだったわけで、もちろん古いところをやるならラテン語を読めなきゃだめなんだという話でございます。

そういうようなことで、あとは先生はうるさいことはおっしゃいませんでした。助手になってからも先生のゼミにはしょっちゅう出ていましたし、それから隣接領域で、丸山先生のゼミにも出ていて、これもたいへん、刺激的なゼミだったと記憶しております。

それで、イタリア語の勉強をしなきゃいかんということで、今もあると思いますが、日伊会館とかいろいろなところに勉強しに行ったんですが、どうも周りはみんなコックさんの希望者ばっかりで、このままいたらそのうちおいしい料理にありつけそうな感じがしたが、ちょっと私のイタリア語への関心とはなかなか重ならないところもあって、結局、私自身はあんまり勉強にはなりませんでした。まさに先ほど申し上げましたように、活字が立っている、活字が立ち上がっている、テキストの中に山と谷があって、そこに出合う知的興奮というのか緊張感というのか、そういうものをとおっしゃっていた先生からすると、原語が読めないで思想史をやるわけにはいかないというのは当然のことだったろうと思います。

それで、六五年の四月から六八年の三月まで助手をやっていました。助手の任務は、三年間でしかるべき論文を書くというのが当時の決まりで、だいたい三年目の中ほどぐらいから、助手としての義務を果たすべく、論文を書き始めることになるわけです。当時は圧倒的にイギリス思想史の研究が多く、それも一七世紀あたりが目立って多くて、一八世紀はそれなりに、一九世紀はあんまり研究する人もいませんでした。

私は、一六世紀というのはちょっと何となく場違いな感じが自分でもしないわけでもなかったんですが、何分、多くの人がいるところで仕事するよりは、誰もいないところで仕事したほうが何となく爽快感があるような感じもしましたし、学生時代に何とも言えない論文的なものを書いたマキャベリでもう一度、助手の論文を書いてみようかと思って、先生に相談しまして、準備を進めました。

そのときに、とにかく論文を書くといっても、これは五〇〇枚、六〇〇枚の論文だから、全体の構想をやはりきちっとさせないといけない、構想を含む序文を書いて夏休みが明けたら持ってきなさいということでした。それはもっともなことだということで、私なりに少々工夫を凝らして、あるいはいい気になって、かなり脇の甘いものを書いたんだろうと思います。六七年の秋口だったと思いますが、それを持っていきまして、一週間後にまた会いましょうというようなことになりました。

それで一週間後にお目にかかりました。四〇〇字詰めで三、四〇枚だったと思うんですが、「まあ、君の書いた文章としては、今までの中で一番悪いんじゃないの?」と言われました。一つ一つの文章について全部、朱が入っていまして、この際、ご自分がお考えになっていることを伝えるから、今日は時間をたくさんとってという話になりました。一つは、何と言うのか、生意気っぽい文章というのはだめだというんですね。そういう文章を書くと、主語がどこかへ行っちゃったり、わけのわからない文章になるんだよと。論理的な厳密性に劣るような文章を書くようなことになるから、そういうことをしちゃ絶対にいかんというようなお話もありました。それから、これは君ね、論文に使う言葉じゃないよと。これはしゃべっている言葉。しゃべっている言葉をこういうところに持ち込んだりしちゃだめなんだというようなことも含めて、二時間ぐらいにわたって一つ一つ全部ご注意を受けました。小学生以来、あれだけ丁寧に教わったことはなかったぐらいに、先生からご指摘を受けました。それで一週間後に次のバージョンを持ってきなさいと言われ、その満身創痍になったものを書き直して持っていくというわけにもなかなかいかないもので、全部書き直すしかないということなんですが、一週間後、あるいは一〇日後だったかわかりませんが、全部書き直して持っていった。

これもまた読んでいただいて、「改善の跡はかなりはっきりしているから、まあ、この調子でやりなさい」というような話で、一つ関門をくぐり抜けたわけであります。ちょうど六七年の秋ごろから、大学の紛争モードが強まってきて、先生となかなか会って相談するようなことが難しくなってきていました。当時は、学寮がもめたり、いろんなところでもめごとが起こるんですね。当時の言葉で言うと、大衆団交というものなんですけれども。そんなことで、なかなかご相談をするという機会がありませんでした。

もちろん正月も一生懸命、かかり切りです。当時の正月と今の正月は全然違います。当時の正月は文字どおり店が全部閉まってしまいます。コンビニなんていうものはもちろんあろうはずがないわけで、そうするともう何か年末から正月一週間ぐらいまでは、とりあえず何とか生きているしかないという、こういう按配なんです。一生懸命、私なりにやった記憶があって、そのときの経験からしておもしろいと思うのは、人間、一生懸命やっていますと、思わぬアイデアが出てきたり、これは行き詰まったな、行き詰まってこれは前に進めないなと思って、いろいろ工夫を凝らしている、あるいはいろいろ試行錯誤していると、あ、そうかこういうふうに見れば物事は見えてくるんだなというようなことがまま起こってくることです。そうすると、物を書いたり考えたりすることの楽しさとでもいうべきものが出てくる、ということだろうと思いますね。

一々、自分はそう考えますけど、先生これどうでしょうかとかいうふうな話を持っていけるような状態ではないんですが、何か大学もたいへんそうだし、先生もどこへ行っているかよくわからないし、早く論文でも書かないと、これはまた飯の食いっぱぐれになるかもしらんというようなことで、ひとつ早く仕上げなきゃいかんなんていうようなことを考えて、正月に先生のお宅に行きました。先生には私の兄弟子がたくさんいたもんですから、みんなで、「おまえちゃんとやっているか」とか、「どこまで進んだ？」とか、いろんなことを質問攻めにされるんです。そこでいろんな話が出て、先生からもだいたいいつ頃目処がつきますかとかいう話になって、私は一月中にはもう目処をつけたいと思っていますというような、たいへん強気の発言をした記憶があります。一月ぐらいに論文を先生にお渡ししようと思ったのですが、先生がなかなかお目にかかれず、何とかかんとかしてお渡しして、あとは四月からは延長期間でも楽しもうかと思っていたのが、六八年の一月ぐらいの感じですね。

そのころから、東大の中はもういろいろ紛争の発端みたいなものが起こり始めていました。三月には評議会が一晩缶詰に遭うというような事件も起こってくるような按配で、先生もそちらのほうのお話におそらく応対されていたんじゃないかなと思っていました。

多分、私は関係ない事柄と思いながら見ていましたが、二月の半ばごろに、先生から呼び出しがありました。「君をここに残すことにしようかと思うんだけども」というお話があったんですが、これは質問というよりも、決定の通知みたいな感じがちょっとあったんです。しかし務まりますかねとかいう話になりまして、「いや、まあ、それなりにやりがいのある職場だから、一生懸命やればできるんじゃないか」というようなお話で、「しかし大学、大丈夫ですか。残すとか言われて、大学がおかしくなりませんか」なんていうつまらないことも言って怒られたりしたんです。そんなことで、気がつきましたら六八年の四月一日には助教授になって、助手時代の物語は終わるわけであります。

それで、今でも思い出しますが、六八年の四月に教授会のメンバーになったら明日は入学式が粉砕されるかもしれないという話でした。ついては安田講堂の正面にバリケードを築いて頑張れとかという話。何か妙なところに入り込んだなというような気分になりましたね。

その晩、たまたま丸山先生がごちそうしてくれるというので、お寿司か何かをごちそうになりながら、丸山先生と二人でいろんな話をした記憶があります。私にとっては前代未聞なことなので、「大学はどうなるんでしょうか」とか、いろんな話をしました。それから最初の教授会に出てびっくりしたのは、今度の助教授の選考の手続についてはもう少し慎重にやるように今後は努力すべきだ、とかいう発言をする先生がいたりして、今度の助教授というのは誰のことだろうといったら、私のことじゃないかなとふと思ったりしました。いろいろおもしろいことがその後、起こってくることになったわけであります。

そしてもう六八年の春からは、教授会もできるかできないかぐらいの話になってきました。ご存じのように、六九年の一月の安田講堂の事件で、助手プラスアルファの時代は終わったということであります。

自分がかなわない人にいかに出会うか

ちょうど私たちが学生から助手のころ、先生は四〇半ばでいわゆる脂が乗り切ったご年齢だったと思います。そこへぶつかったわれわれ学生は、ある意味でたいへん幸福、ラッキーな学生だったとも言えるかと思います。ようやく授業ができるかどうかの先生、それからもう退職間際の先生にぶつかるよりも、おそらく恵まれていたのかなと思います。そういう年齢の先生方が多かったということも、何よりも東京大学で学んだ日々がすばらしかったということにつながるんだろうと思います。

福田先生は、ちょうどその脂が乗り切って、もう一つ二つ、新しい仕事を準備されていたときに、学生との間であんいう大きな紛争が起こって、研究はほとんど中断し、研究室は封鎖され、そして毎日毎日、会議なのか何だか分からない状態が続きました。われわれ若い教員たちは、ちょっと自嘲ぎみに、これはほとんど警察勤めと変わらないとかという話みたいな状態になったわけで、脂の乗り切った四〇代の先生方にとってはどんなにダメージが大きかったかということは、後で自分もその年齢になって、つくづくと改めて深く感じるところがありました。

特に研究、研究でなくてもそうですけれども、結局、人生はどの段階でどのような人と出会うかということによって大きくその後の人生が影響を受けることもあるし、あんまり受けない場合もあり、いろいろなケースがあると思います。私は大学に入ってからひそかに思っていたことが一つありまして、これは総長を辞めるときまでそう思っていたんですが、自分がかなわないような、すごい人にいかにたくさん出会うかというのが人生の醍醐味であると同時に、また何とも言えない贅沢であろうということです。

大学に入ったときからもそうですが、私は田舎で高校生活を送ったものですから、東京で高校生活を送った人とは知的水準が大分違いまして、知らない言葉をたくさん知っているような人たちばっかりいて、たいへんショックを受けました。すごい人たちがたくさんいるところだなと思いました。

学生同士、それから先生も含めて、やっぱりすごい人間的・学問的能力を持っていらっしゃる方々に出会うチャンスがあった東京大学の日々はたいへんすばらしいことだったなと思います。ほかへ行ってもそういう機会はあったのかもしれませんが、ほかのことは知りませんので、何とも申し上げられません。少なくとも私個人にとっては、人生を豊かにし、かつ自分自身がそういう方々に出会うことによって、逆に自分の生き方を見出し、そういう機会をもらったということではなかったかと思います。

私は総長時代、学生にはよく言ったんですが、かなわないと思う人を早く見つけろと。四年間大学にいてそういう人が一人も見つからなかった場合は、よっぽど君に問題があるかもしれん、見つける能力が乏しいかもしれんよと。これはよくよく考えるべきことだということをよく言ったんです。それはやっぱり人生で非常に大事なことだろうと思っております。

特に私にとって、福田先生のようなほんとうに心から誠実で、かつ真摯に学問に取り組んでいらっしゃる姿を目の当たりにすることができたということは、たいへん得がたいし、かつすばらしい経験であったことは言うまでもありません。私は先生のそういうわれわれに接してくださった姿を常に思い出しながら、毎日、自己批判をしているという感がなきにしもあらずであります。その意味で言えば、頭が下がる思いで、ありし日の日々を思い出しているということでございます。本日はそういう機会を与えてくださったということについてほんとうにありがたく存じます。こういう形で先生について語ったということがなかったものですから、そういう機会を与えてくださった方、またそのために、私もささやかながら少しいろんなものを引っ張り出したり何かしながら準備をしつつ、改めて学恩の大きさというものを感じたという意味でも、たいへん、私個人としてもありがたかったと思っております。

翻って、私も長い間、東京大学で教えたんですが、さて、どんなことがあったのかなということを思い出すと、人間にとってはやっぱり人間の持っている存在感というのが一番重いものだろうと思います。それは何にもかえがたいものだろうと思います。皆様におかれましても、そういうようなご経験をお持ちになることがあればあるほど、人生にとってすばらしいことにつながるんじゃないかな、と思っているわけでございます。人間、どういうふうな形でその人生が転がっていくか、自分でコントロールできないこともたくさんございますが、それはいたし方のないことであります。しかし、できる範囲で努力をし、新しい可能性を追求するという意味におきましては、私が先ほど申し上げました、自分がかなわないほどすばらしい人に出会うということは何よりも助けになるものではないかと、そんなふうに思っています。

「韃靼の志士」イブラヒムの夢

小松久男

こまつ・ひさお
一九五一年生まれ。中央アジア史学者。東京教育大学文学部史学科卒業。東京外国語大学特任教授、東京大学名誉教授。元・東京大学文学部長。

アブデュルレシト・イブラヒム

一八五七―一九四四年。帝政ロシア出身のタタール人のイスラーム教徒、ジャーナリスト、旅行家。明治末期に日本を訪問、一九三三年に再来日。東京で亡くなった。

「わが師・先人を語る」というシリーズで、この「韃靼《だったん》の志士」と呼ばれた人物を取り上げるのは、いささか場違いかもしれません。私は一九四四年八月に東京で亡くなったアブデュルレシト・イブラヒムと直接会ったこともなければ、もちろん教えを受けたこともなく、彼の思想や信条をともにする立場にもないからです。しかし、彼の波瀾万丈の生涯は、一九世紀末から二〇世紀前半の世界史を読み直し、とりわけイスラーム世界と日本との関係を考える上で多くの手がかりを提供してくれることでしょう。彼の著作や足跡にふれることで個人的に学んだことも少なくありません。やや異色の先人ということになりますが、ここにご紹介したいと思います。

ロシアのイスラーム

アブデュルレシト・イブラヒム（以下、イブラヒム）は、西シベリアの小さな町タラに生まれたタタール人のイスラーム教徒（ムスリム）です。西シベリアと言っても、ここはカザフ人などの遊牧民が展開する中央アジアの大草原に連なっており、彼の祖先は古来有名な中央アジアのオアシス都市ブハラの出身と伝えられています。この時代、西シベリアも中央アジアもロシア帝国*の広大な版図に含まれていました。ロシアとイスラームとは一

**イワン雷帝（1530-1584 年）
モスクワ・ロシアの初代ツァーリ（在位 1547-1574 年、1576-1584 年）。

*ロシア帝国
1721 年から 1917 年までロマノフ家の皇帝が支配した帝国。ユーラシア大陸の北部を広く領有していた。

見結びつかないように思われるかもしれませんが、一六世紀のイワン雷帝**以来、東方と南方に領土を拡大したロシアは、征服地の中央アジアやコーカサス、クリミアなどで多数のイスラーム教徒を臣民とすることになりました。二〇世紀の初頭、ロシア帝国内のムスリムはおよそ二〇〇〇万人を数え、それは総人口の一三パーセントほどにも達していました。イスラームはロシア正教***に次ぐ第二の地位を占めていたのです。しかし、帝政ロシアの時代を通して、ムスリムに対する差別と抑圧、そしてロシア人とムスリムとの間の相互不信がやむことはありませんでした。

幼くして父をなくしたイブラヒムは、苦難の生活をしいられましたが、旺盛な向学心と行動力に恵まれていました。はるかアラビア半島の聖都メディナ****でイスラーム諸学を修めようという青雲の志を抱いたイブラヒムは、あるカザフ人からもらった馬を売って旅費を工面すると、一八七九年中央アジアの草原からオデッサ、イスタンブル経由でメディナへと向います。留学中にアラビア語に習熟し、コーラン読誦、預言者ムハンマドの言行を伝えるハディース（伝承）の解釈、法学、遺産分割法などを修得したイブラヒムは、一八八五年故郷のタラに帰還しますが、この間にヨーロッパ列強の支配に呻吟するイスラーム諸国の現状も身をもって学んでいます。こうして彼は危機にあるイスラーム世界をいかにして解放するかという課題と終生とりくむことになります。それから間もない一八八九年の

***ロシア正教

キリスト教の東方正教会に属する一派。ビザンツ帝国の滅亡を経て、1589年モスクワに総主教座がおかれた。

****メディナ

メッカに次ぐイスラーム第2の聖地。

こと、彼はサンクトペテルブルク*でロシア訪問中のジャマールッディーン・アフガーニー（一八三八―一八九七年）と面会し、大きな感化をうけます。イスラーム世界を蚕食するヨーロッパ列強の帝国主義を批判するとともに、イスラーム諸国の自己変革、そしてスンナ派とシーア派との対立の克服を説いた汎イスラーム主義の先達、アフガーニーは、イブラヒムにとってまさに「わが師」にほかなりませんでした。

さて、故郷に戻ったイブラヒムは、ロシアの沈滞したムスリム社会を変革するには教育改革が不可欠と考え、自らも教師となってその実践にあたりましたが、ほどなくしてウラル山脈南麓のウファに所在するムスリム宗務協議会の次席（カーディー）に任命されます。これは一七八九年に女帝エカチェリーナ二世**が、イスラームに対する抑圧を緩和して国内の安定をはかるために創設した、ロシア領内のムスリムを管理する公的な機関でした。宗務協議会は、各地のモスクやマドラサ（高等学院）に勤務する「イスラーム聖職者」の任免やイスラーム法による裁定を行うほか、ムスリム住民の戸籍管理も担っていました。このような宗務協議会の次席に任命されたのは、イブラヒムがイスラームの学識に加えてロシア語の運用能力にもすぐれていたことが評価されたためです。この宗務協議会は一面ではロシア・ムスリムの自治的な機関でしたが、他面では内務省が直轄する行政機関であり、イスラームの学識をもたない者が首席（ムフティー）に任命されることもあったほどです。

＊サンクトペテルブルク
ロシア西北部、バルト海に面する都市。1918年までロシア帝国の首都であった。

＊＊エカチェリーナ2世（1729-1796年）
第8代ロシア皇帝（在位1762-1796年）。

イブラヒムは首席のメッカ巡礼中にその代行も務めますが、ロシア政府の御用機関としての宗務協議会の欠陥を目の当たりにすると、わずか二年で職を辞しました。ちなみに、その後来日したイブラヒムは「露国回教管長」とも紹介されましたが、それはこの宗務協議会で要職を務めたことをさしています。

ロシア国内の要職を辞したイブラヒムは、イスタンブルに移ります。ともにトルコ系のムスリムが多く居住するロシアとオスマン帝国***との境界を、彼は軽々とこえてゆくのです。この後、彼はロシアにおける正教化政策や反イスラーム政策を舌鋒鋭く批判する論客として活動します。その一方で、「方々旅して歩いてみよ」というコーランの言葉に導かれて遍歴の旅を重ねました。一八九七年から一九〇〇年にはイスタンブルから出立してエジプト、アラビア半島（ヒジャーズ）、パレスチナを巡り、それから西に転じてイタリア、オーストリア、フランス、ブルガリア、セルビア、ウクライナ、南コーカサス、ロシア領トルキスタン、中国領内の新疆を経由して西シベリアの郷里に戻るという大旅行をおこなっています。ヨーロッパの諸都市では亡命中のロシア人社会主義者とも接触し、反帝政の立場を鮮明にしたといいます。

日露戦争の敗北を契機として帝政の権威がゆらぎ、一九〇五年革命****とよばれる政治的な大変動が起こると、イブラヒムはロシア・ムスリムの政治運動の指導者として頭角を現し

**** 1905 年革命

1月9日に発生した血の日曜日事件を発端とするロシア第1次革命。

***オスマン帝国

トルコ系の皇帝を戴く多民族帝国。17 世紀の最大版図は、東西はアゼルバイジャンからモロッコ、南北はイエメンからウクライナに至った。第 1 次世界大戦の敗戦後 1922 年に滅亡。

ます。首都のサンクトペテルブルクでムスリムの政治・社会的な権利の拡大を訴える新聞・雑誌を創刊する一方（彼自身、毎号のように健筆をふるっています）、ロシア各地のムスリム名士や知識人に接触してロシア・ムスリム大会の開催に尽力します。一九〇五年から一九〇六年の間に三度開かれた大会は、まさに史上初めての全国大会で、協議の末にロシア・ムスリム連盟という政治組織の結成が合意されました。イブラヒムは連盟の中央委員会になります。やがて来日したイブラヒムは「露国前代議士」とも紹介されましたが、それは最高の得票で選出され、連盟はロシアの国会（ドゥーマ）におけるムスリム会派の母体と彼のこのような政治活動をふまえてのことでしょう。しかし、彼は国会議員ではありませんでした。反政府的な言動で知られるイブラヒムにロシア政府は被選挙権を与えなかったからです。

この時期、イブラヒムはムスリム諸民族の自治を構想し、ムスリム宗務協議会の改革をよびかけるなど精力的な活動を展開していましたが、興味深いのはロシアのムスリムに兵役忌避の権利を認めさせようとしていたことです。たとえば、彼の筆による『千一の聖ハディース注解』（サンクトペテルブルク、一九〇七年）では、預言者ムハンマドの言葉「誰であろうと信徒（同じイスラーム教徒）に向かって刀を抜く者は仲間ではない」について次のような注釈を記しています。

わがロシア・ムスリム兵士は戦場で戦うとき、不信心者の誉をあげるために、ムスリム同胞を打ち倒し、イスラームの根幹を揺るがすためにサーベルを抜いている。これはシャリーア（イスラーム法）も理性も禁じることである。

預言者ムハンマド（彼に平安あれ）の死後、ムスリムの間には一〇〇年にわたり平安が続いたが、それから今に至る一二〇〇年間というもの、彼らは互に刀を抜き合ってきた。かつてはどれほど圧政があったとしても、双方とも自分こそカリフ*職にふさわしく、自らの戴く暴君をカリフやイマーム**と考えるのであった。しかし、現代の戦争にこれはない。敵と思って刀をふるったトルコ人兵士を倒すことは、自分自身を撃つに等しい。われわれはひたすら自分の敵に加勢し、その利はすべて敵のものとなるだけで、われわれにはいかなる利益もない。われわれをこのような状況に導いたのは、ひとえに怠慢のためである。少しでも理性をもってすれば、ムスリムはいついかなるときも同胞たるムスリムに刀をふるうことはない。われわれはロシア政府に従ってトルキスタンのハンたちを打倒し、いまやロシア人と一緒になって唯一残ったムスリム君主（オスマン帝国のスルタン）を倒そうとしている。

この注釈でイブラヒムはイスラーム法の観点から、オスマン帝国とロシアとが戦争する

**イマーム

イスラームの指導者。シーア派では最高指導者の称号。

*カリフ

預言者ムハンマド亡き後のイスラーム共同体、イスラーム国家の指導者、最高権威者の称号。

たびに、同じムスリム兵士が敵味方となって戦わなければならない不条理を指摘しています。しかし、このような議論はロシア当局の認めるところとはならず、彼は「犯罪的な内容」の書籍を刊行した罪で、司法当局により刑事犯として訴追されることになります。こうした動きは、一九〇五年革命を終息させた帝政の反動と軌を一にしており、政治・言論活動が厳しく制限されるなかで、ムスリム政治運動もまた活動の自由を奪われていったのです。イブラヒムが日本を含むユーラシアを一巡する大旅行（シベリア、満州、日本、朝鮮、中国、インド、メッカ）に旅立った背景には、このような事情があったのです。

来日したイブラヒム

一九〇八年の九月末、ヴォルガ中流域の町カザンを発ったイブラヒムが、シベリア、満州を経由してウラジオストークから汽船釜山丸で敦賀に着いたのは、一九〇九（明治四二）年二月二日のことでした。それからおよそ四か月の間、彼は横浜や東京に暮らし、新興国日本の国情と日本人の特性について、敬虔なムスリムの視点から熱心な観察と調査をおこなうことになります。ユーラシアをめぐる旅行の後、彼は『イスラーム世界』全二巻*という大旅行記を著しますが、その中でもっとも精彩に富み、多くの頁を費やしているのが日

*『イスラーム世界』全2巻
1巻：1910年刊行、2巻1913年刊行。

本の章で、それはとりもなおさず彼が日本と日本人によせた関心の深さを物語っています。彼は、日本語は知りませんでしたが、中山逸三というロシア語の達者な人物と親交を得たことから、さまざまな日本人とロシア語を介して会話を交わし、さらに、言葉の組み立て方がトルコ語と似ていることに気づいてから、大いに学習意欲がわいてきたイブラヒムは、日本語会話の学習に努め、一〇日あまりのうちに滞在先の横浜から、しばしば徒歩で東京に行ってくるだけの語学力を身につけたといいます。

　彼の訪問先はじつに多種多様でありました。それは横浜近郊の村から、会期中の衆議院、巣鴨監獄、火葬場、造幣局、病院、湯島聖堂、国技館に及んでいます。彼がとくに注目したのは、早稲田大学、東京帝国大学、東京美術学校、学習院、成女学校、盲唖学校、小学校などの教育施設であり、彼は日本の教育の充実ぶりに賞賛を惜しみませんでした。そこには、ロシア・ムスリムの教育改革に取り組みながら、その成果を見ることができなかった彼の思いを読み取ることも可能でしょう。もう一つ彼が強い関心を示したのは日本のジャーナリズムで、来日早々『国民新聞』**や『報知新聞』***の編集部を訪ねています。たとえば、二月一七日の『国民新聞』は、「露国前代議士」のイブラヒムは、「年齢五〇を超過したる極めて快闊なる一老紳士にして、己には土耳古《トルコ》一流の長服を纏《まと》い、鼻眼鏡を掛け風姿魁偉、而《しか》も溢るる許《ばか》りの愛嬌を湛《たた》え、諄々として記者の問に対し露国政界の現状を語り出

**『国民新聞』
徳富蘇峰が1890（明治23）年に創刊した日刊新聞。

***『報知新聞』
1872（明治5）年に創刊された郵便報知新聞が前身で、明治末から大正期にかけて「東京五大新聞」の一角を占めた有力紙の一つ。

でぬ。曰く、露国の憲政政治は尚初期にして、其進歩の度合の極て遅々たるのみか、却て退歩の状あり。特に昨今の第三議会の如きは、政府党多数を占めたるが為め、宛《あたか》も政府の傀儡の如く、国民の議会と称するよりも寧《むし》ろ政府の一機関に過ぎず……」と報じられています。みずからも練達のジャーナリストであったイブラヒムは、新聞社に情報を求め、また接触すべき日本人の紹介を頼んだのでしょう。

イブラヒムが話を交わした日本人も多様です。それは村人や人力車夫のような市井の人々から、政治家では伊藤博文、大隈重信、犬養毅、河野広中、佐々木安五郎、戸水寛人ら、軍人ではおそらく乃木希典、アジア主義者で黒龍会の領袖として知られた頭山満、内田良平、ジャーナリスト・評論家では徳富蘇峰、三宅雪嶺、馬場恒吾らの名前を挙げることができます。こうした人々と知己を得たイブラヒムは、多くの新聞や雑誌に取り上げられ、その人となりはかなり広く知られるようになったようです。最近大阪大学の福田義昭氏の研究報告から教えられたことですが、夏目漱石の日記（六月一六日）にも「ダツタン人の回々教の管長」すなわちイブラヒムのことが出てきます。ちなみにイブラヒムは東京大学の図書館で一人のロシア人留学生を目にしていますが、それは当時夏目漱石にも師事していたエリセーエフ*と思われます。やがて日本学の教授としてハーヴァード大学で教鞭をとった彼は、ライシャワーやドナルド・キーン氏らの師として知られています。

*エリセーエフ（1889-1975年）

セルゲイ・グリゴリエヴィッチ・エリセーエフ　ロシアの日本学者、東洋学者。ハーヴァード大学教授、ハーヴァード・イェンチン研究所所長などを歴任。

イブラヒムはまたさまざまな団体とも親交を結びました。たとえば当時の東京には徒歩の励行を基本に健康や節約をめざす同好会、徒歩主義同志会（一九〇六年六月一七日創立）という団体がありました。同会は、富士登山や観桜会、懇話会、徒歩計の工夫などの活動を行っていましたが、幹事の内藤鳴雪**、三宅雪嶺らはイブラヒムと親交を結んでいます。とりわけ、正岡子規の門弟であった内藤鳴雪は、三月にイブラヒムを招いた青梅観梅行での宴席で「梅の如き人に逢ふたる日和かな」という一句を詠んでいます。鳴雪は四月に同志会が催した川越喜多院への観桜会でもイブラヒムと行を共にしており、それからまもなくしてイブラヒムは鳴雪が役員を務めていた孔子祭典会（嘉納治五郎委員長の下、毎年湯島聖堂で開催）に出席しています。イブラヒムは、鳴雪のような人物の紹介を通して交友の環を広げていったように思われます。このほか、イブラヒムが接触を持った団体には、日中間の善隣を目的としたアジア主義者の団体として知られる東亜同文会***や幕末維新史料の収集・編纂を目的として多数の各界名士を擁していた史談会（一八九二年創立）などをあげることができます。

このような個人や団体に招かれたとき、あるいは訪問先で、イブラヒムはしばしば巧みなスピーチや演説をおこなって聴衆を魅了しました。たとえば、五月初め日東倶楽部の歓迎会に招待された「韃靼の志士」は、メンバーの求めに応じて預言者ムハンマドのハディ

**内藤鳴雪（1847-1926年）

ないとう・めいせつ　伊予松山藩の武士、明治期の官吏、明治・大正期の俳人。

***東亜同文会

1898（明治31）年から1946（昭和21）年にかけて存在した民間外交及びアジア主義団体。現在の霞山会の前身。

ースをアラビア語でテーブルクロスに記しましたが、その意味は「アラビアにて学問を求むること能わずんば、支那に求めよ、支那付近に求めよ」と紹介されています。これにイブラヒムは「支那付近と云えば元より日本を意味するので、教祖「マホメット」は已に千年以前に真正の学問の根源は日本にある事を知って居られたのです」と解説して一同を感服させたようです（『日本及日本人』*五〇九号、明治四二年五月一五日）。このハディースは、ヨーロッパ列強の脅威に直面した近代のイスラーム知識人が、自己変革に有用な知識や技術があるならば、たとえ異教徒のものであっても、これを積極的に受容すべきという改革主義の論理を根拠づけるために好んで引用したものです。イブラヒムはこれを座興に用いたのですが、その真意を理解した日本人はおそらくいなかったのではないでしょうか。

イスラーム世界と日本の提携

イブラヒムは、ロシアを含めヨーロッパ列強の支配下にあるイスラーム世界を解放する戦略を胸に秘めて来日しました。その中核たるべきオスマン帝国も、政治的な独立は維持しながら、絶えず列強の干渉にさらされ、経済的にはほぼ完全に従属を余儀なくされていました。イブラヒムの意図は、『外交時報』に掲載された講演記録「韃靼人独立の希望」の

＊『日本及日本人』
1907（明治40）年から1945（昭和20）年まで出版された言論の雑誌。1923年秋まで三宅雪嶺が主宰した。

中にはっきりと示されています。彼はこう語りました。

余が日本に来遊せる目的は詳細に日本の事情を観察せむとするにあるやもとよりなり。有体に白状すれば余は日露戦争までは日本についてほとんど全く知る所なかりしなり。日露戦争における日本の勝利は実にめざましかりき。露国新聞はことさらに黒白を取り違えたる記事を掲くるに努めたりといえども、トルコ新聞はよく事実の真相を報じ余をして百戦すべて日本の勝利に帰したるを疑ふ能はざらしめたり。これ余の心を動かし日本観光のことを決せしめたるゆえんなり。旭日の上るがごとき勢いをもつて進歩しつつある日本は、必ずついて学ぶべきもの多からんとは、余の深く信ずる所なりき。（中略）要するに余が日本観光の目的は、我ら韃靼人の独立運動に資する所あらんとするにあり。敬愛する諸君は余らの独立運動に同情を寄せらるべきを信じて疑わず。（中略）

余ら韃靼人は日本を先輩として尊敬するに躊躇せざるもの、行く行く留学生を派し来り諸君の高義に信頼せむと欲す。韃靼人の独立は尋常の軌道によりて成就されうべしとは余も自ら信ぜず。世界の風雲色を変え、列強の転化を見んとするの時機に乗し事を決行せむと欲す（『外交時報』一九〇九年、一三七号）

日本を旭日に、西洋を落日にたとえたイブラヒムは、列強の作り上げた世界秩序の「転化」をもたらすことができるのは日本であり、そこに韃靼人、すなわちロシア・ムスリム独立の機会が生まれると考えていたように思われます。ちなみに、彼はその後、長男のムニールを早稲田大学に留学させています。

こうした観点から日本と日本人を観察したイブラヒムは、面談や講演あるいは旅行記の中で次の三点を強調しています。彼はまず、日本人の美徳としての「民族精神」の護持を評価してやみません。彼は、勤勉、誠実、質素、責任感と公徳心の強さ、階級の別なき平等の観念、長幼の序の尊重など、日本人の美徳をヨーロッパやイスラーム世界と比較しながら絶賛しています。たとえば、午前中に立ち寄った茶店に夕方ふたたびさしかかると、店の女性が走り寄ってくる。さては代金が足りなかったと思いきや、それはわかずかばかりの釣り銭をわたすためであった。また牛乳配達は未明に家々の戸口に瓶をそのまま置いていくのだが、だれもそれをとったりはしない。これがパリやベルリンだったらいったいどうなるか、彼はこうしたところに目を向けるのです。彼によれば、日本の急速な発展の要因は、日本人がこの生来の美徳を堅持しながら、換言すればみずからの伝統やアイデンティティを喪うことなく、近代西洋の科学・技術や制度を積極的に受容したことにあったのです。こうした評価はいまの中央アジアやトルコでもよく聞くことがあります。

第二は、西洋の植民地支配と西洋文明に対する激しい反発とともに打ち出される、キリスト教宣教師に対するあからさまな批判です。これはあきらかに第一の議論と表裏一体のもので、イブラヒムはつねに「ハイカラ」すなわち西洋かぶれの流行に警鐘を鳴らし、宣教活動の背後にある支配や同化、あるいは生来の美徳の毀損の危険を指摘しています。アジアの盟主たる日本は、間違っても欧化してはならないのでした。ロシア生まれのイブラヒムには、宣教師に対する不信と反感はぬきがたいものがありました。ロシア正教会は、イワン雷帝がタタール人のカザン・ハン国を征服して以来、ムスリムの正教への改宗に取り組み、その強度は時代によって異なるものの、ロシア領内のムスリムには脅威を与えていたからです。オスマン帝国領内におけるキリスト教宣教師の活動と列強の干渉との相関関係も、イブラヒムには自明のことでした。さらにイブラヒムからすれば、日本人の西欧化とキリスト教化は、日本人の生来の美徳、すなわち日本人とムスリムとが共有する価値を毀損する要因にほかなりません。「日本人は生まれつきイスラームに近い民族」であり、「イスラームの教えの中にある多くの賞賛すべき道徳が、日本人には自然に具わっている。清潔さ、差恥心、忠誠、信頼。とくに、寛大さと勇気とは日本人においてはあたかも天性のもののようである」、「日本人の慣習や道徳ならびに生活様式は見事にイスラームの慣行や道徳にかなっており、両者の間に基本的な相違は見られない」と彼は言います。日本人のイスラーム改宗を期待するイブラヒムは、日本人の生来の美徳がそれによって確固として保持されるとすら指摘するのです。

第三は、西アジアからロシア、中央アジア、南アジア、東アジアそして東南アジアに広がるイスラーム世界の地政学的な重要性です。これはイブラヒムが伊藤博文らの政治家や軍関係者との会話の中でしばしば言及したことで、彼はとくに中国ムスリム（今の回族）の存在に注意を喚起しています。イブラヒムによれば中国への勢力拡大をはかる日本にとって、中国ムスリムは最良のパートナーになりえるのでした。それはまた、イスラーム世界と日本との結合によってアジアの統一を実現し、ヨーロッパ列強のアジア支配に対抗するという遠大な戦略の一環でもありました。彼はヨーロッパ列強に対抗する汎イスラーム主義の構想を語ったと言えます。

このようなイブラヒムを、日本側は亡国の旅行家、しかし、発展する日本をよく理解し、ヨーロッパに対抗してアジア諸民族の連合を実現するために奮闘する「韃靼の志士」と認識しました。こうしたなかでイブラヒムに接近し、親交を結ぶようになったのは、アジア主義者でした。そのなかにはもとより多様な考え方やアプローチがありましたが、日露戦争に勝利した直後の日本において、アジアの盟主たる日本という認識は高まっていました。イブラヒムの旅行記には元陸軍中佐大原武慶（一八六五―一九三三年）らとの交友が鮮明

**犬養毅（1855-1932年）

いぬかい・つよし　政治家。文部大臣、逓信大臣、外務大臣、内務大臣、内閣総理大臣などを歴任。総理大臣官邸に乱入した海軍青年将校らに暗殺された（5・15事件）。

*頭山満（1855年-1944年）

とうやま・みつる　明治から昭和前期にかけて活動したアジア主義者の巨頭。玄洋社の総帥。

に描かれています。大原はイスラームへの改宗も申し出て、アブー・バクルというムスリム名をもらっていますが、これは預言者ムハンマドの亡き後、イスラームの共同体を率いた初代カリフの名前にほかなりません。やがて、イブラヒムは大原の仲介で、アジア主義者の領袖として知られた頭山満、*衆議院議員で後に首相となる犬養毅、**元衆議院議長の河野広中***らと知己を得て、「亜細亜義会」と称する結社を結成することになります。これは小規模ながら実在した結社で、イブラヒムが離日した後の一九一〇年末に公表された義会の設立主意は、次のように述べています。

我亜細亜ハ天地秀霊ノ気ノ鍾ル所、其地位タル坤輿ノ中枢ニ当リ、疆域ノ大、山河ノ雄、人口ノ衆、物産ノ富、蓋シ他州ノ能ク及ブ所ニアラズ。是ヲ以テ上世文明ノ隆昌、大聖人ノ崛起、皆其端ヲ我ニ発セザルハナシ。然リ而シテ近世ニ到リ、亜人恬熙愉安或ハ嫉妬排擠、同種相疑ヒ、相屠リ、西力ノ東漸ニ一任ス。今ニ及ンテ之ヲ救ハズンバ、亜州ノ前途、実ニ憂惧ニ堪ヘザルモノアラン。我亜細亜ハ、我人ニ共通セル良風、美俗、精神、性格ノ存スルアリ。而シテ亜州ノ改善向上ハ、亜人自カラ大ニ奮励セザルベカラズ。余輩感慨ノ餘リ、自カラ揣ラス、茲ニ亜細亜義会ヲ設立シ、広ク全亜州同志同感ノ士ノ協心戮力ヲ請ハントス。

***河野広中（1849-1923年）

こうの・ひろなか　政治家。第11代衆議院議長。

このアジアの復興と連帯をうたった義会の設立主意は、イブラヒムの紹介でイスタンブルの主要な雑誌の一つ『スラト・ミュスタキム（真っ直ぐな道）』にもトルコ語に翻訳・掲載されています。彼は義会の評議員となり、機関誌『大東』にも論説を寄稿しましたが、まもなく辛亥革命が起こると、義会のメンバーの関心はそこに集中し、義会の活動も停止することになりました。しかし、イブラヒムが「神の僕たちよ、兄弟たれ」という預言者ムハンマドの言葉（ハディース）を具現化すると評した亜細亜義会は、まさに汎イスラーム主義とアジア主義の邂逅の証といえるでしょう。

亜細亜義会のような結社とならんで興味深いのは、日本の陸軍参謀本部もまたイブラヒムに関心をもっていた事実です。当時、参謀本部第二部長の任にあった宇都宮太郎*少将の日記には、イブラヒムに関する記述が所々に出てきます。この第二部は海外の政治・軍事情報の収集と分析をおもな任務としており、イスラーム世界もまたその関心の内にありました。五月八日の日記には次のようにあります。

大原武慶来衙、露国帰化韃旦人アブジュラシット・イブラヒムの（元回教管長にて一度露の国会議員たりしことあり、革命思想懐抱の為め迫害を受け退去せるものにて、原籍は露国カザンの人なり）反基教同盟を主張し主意書を持参し謀る所あり、余の意

*宇都宮太郎（1861-1922年）
うつのみや・たろう　陸軍軍人。日中友好協会会長などを務めた国会議員宇都宮徳馬の父。

見を授く。但し余は或時機までは直接には面会せず。

元軍人の大原は宇都宮とも以前から面識があり、イブラヒムのことを第二部長に紹介したことがわかります。さらに、六月六日には次のような記述が見えます。

露の亡命カザンの韃靼人イブラヒムを繋ぎ置く為め大原武慶に本日金三百円を渡すために招致。この金は三原保管の別途資金にて福島中将の管理せるものなり

宇都宮少将はついにイブラヒムと直接会うことはありませんでしたが、自分の月給よりも高い三〇〇円を大原に活動資金として渡していたことが明らかとなります。それはこのとき参謀本部次長の要職にあった福島安正が管理していた機密資金から支出されていたのです。ただし、この資金がイブラヒム本人にわたったかどうかは明らかではありません。そして、イブラヒムが離日した翌年の三月一四日の日記に、宇都宮は次のように記しています。

大原武慶を本部に招き、イブラヒムの其后の状況を質す。同人は目下メッカ付近に在

り、三百円を与へ連絡を維持する積なりしに、金子丈は大原受領せしも其後のことに付き何等報ぜざりし故質せし次第なり。余の胸中にては、イブラヒムの人物素性も不明なれども、果たして出来そーならば、ファドリー等と共に他日回教徒操縦の道具に利用し、耶蘇教国と対抗の或る場合には利用し得る如く為し置かんとの考なり。

宇都宮は大原に不信の念を抱くようになりますが、イブラヒムはいずれ日本の対イスラーム政策に利用できる人物だと考えていたことがわかります。「耶蘇教国」とは言うまでもなく、欧米諸国のことで、宇都宮のメモはあたかも後の太平洋戦争の構図、とりわけその中でのイブラヒムの役割を予見していたかのようにみえます。文中に出てくるファドリーとは元エジプト軍の将校で当時は東京に暮らしており、宇都宮と親交を結んだほか、同じく亡国のイブラヒムとも会っていました。

さて、宇都宮少将とならんでイスラーム世界に注意を向けていたのが、先にもふれた参謀本部次長の福島安正*中将です。彼は一八九二年に任地のベルリンからの帰途、ロシア・シベリアを単騎で横断したことで国民的な英雄とたたえられ、その後も中東・中央アジア方面を広くめぐって詳細な旅行記を残している海外通でした。イブラヒムの旅行記によれば、日本を離れるイブラヒムの送別会でイスラームの五行の一つ、メッカ巡礼に話が及ぶ

*福島安正（1852-1919年）
ふくしま・やすまさ　陸軍軍人、情報将校。

と、同席していた福島は、こう語ったといいます。

> 御一同、わが日本からは未だだれ一人としてかの神聖なる土地に足跡を印した者はおりません。かの地に毎年集う同胞たちの有様を見聞した者はおらんのです。本日この機会を逃してはなりません。先生にお願いします。どうか今年、日本からまっすぐヒジャーズに向けてご出立下さい。そして、かないましたらわれらの一人を供にお加え下さい。すぐにでもその者を選んで相談してもよろしいですが、たとえ先生がお一人で行かれましても、われわれの挨拶を巡礼者たちにお伝え願います。もちろん、われらの一人が先生にお供できればそれに越したことはありません。さあ諸君、行こうではないか。行くのは誰か。私でよければ、ためらうことなく参りますぞ。

福島は、日本人のメッカ巡礼によって日本とイスラーム世界の関係を開こうと考えていたようです。あまりに大胆で、いったんは一同を唖然とさせた提案ですが、この巡礼は一途な青年によって実行に移されることになります。その名は山岡光太郎。** 彼は東京外国語学校（現、東京外国語大学）ロシア語本科を卒業後、日露戦争中は陸軍通訳官として大陸にあり、大原武慶中佐の指揮下で働いたという経歴の持ち主です。世界三億のイスラーム

**山岡光太郎（1880–1959年）

やまおか・みつたろう　イスラーム・ユダヤ研究家。

教徒を知らねばならないという大原の言葉に促されて、二九歳の山岡はイブラヒムを追って巡礼の旅に発ち、インドのボンベイでイブラヒムに会うと、その指導のもとでイスラームに入信します。彼のムスリム名ウマルは、アブー・バクルの後を襲った二代目カリフの名前です。二人の会話はロシア語です。それからおよそ一〇年後の『朝日新聞』は、「十五萬哩《マイル》を踏破、回教国に十年を過せる快男子山岡氏帰朝す、三億の教徒指導が宿願」というタイトルで山岡の行動を次のように伝えています。

明治四十二年から前後十二箇年間世界の回々教国を初めあらゆる国家を歴遊し、十五萬哩《マイル》を踏破しつくした快男子山岡光太郎《やまおかみつたろう》氏は、十日夜横浜着安洋丸で帰朝した。氏が縷々として語り続けた変化と奇聞に富む旅行談の一部を摘むと、氏が渡航の動機は、四十二年春、韃靼の老志士イブラヒム来朝して亜細亜義会なる秘密結社組織の際に彼と知り、我帝国の世界政策樹立の根本義は回教国事情の研究にあるを心づいたに始まり、同年秋イブラヒムの跡を追って、亜刺比亜《アラビア》メッカの神聖大会日本代表者として列席した。この大会に他国人の列《つら》なることは命懸けであるが、ア氏の斡旋で無事なるを得たばかりか、国王に謁見をさへ許され、かつ各所に遊説し、同民族の勢力の偉大なるに愕《おどろ》き一旦帰朝、政界の巨頭連に献策するところがあったが、容れられず、さらに大正元年末から（第一次世界大）戦前まで、東は支那、西はモロッコまで二十余の回教国を廻り、開戦と共にバルカンに引き返し、欧州各国から南米に渡って今日に至ったもので、オットマン（オスマン）帝国を中心とする三億の回教徒に経済的指導を与え、一方アングロサクソンと適合の了解を計るをもって帝国の世界的根本政策と確信し、これが宣伝に後半生を献げんとするが氏の熱望で、近く母校外国語学校に講演会を開くそうである。（『朝日新聞』一九二〇年二月一一日）

旅に明け暮れたイブラヒムの旺盛な行動力は、そのままウマル山岡に受け継がれたかのようです。

イスラーム統一の夢

日本を離れたイブラヒムは、その後朝鮮、中国、シンガポール、インドを経てアラビア半島にわたり、そこからオスマン帝国の首都イスタンブルをめざすことになります。その間、彼の心をとらえていたのは、スンナ派とシーア派の別を越えた「イスラームの統一」という課題でした。彼によれば、宗派間の対立や偏見はイスラーム世界の力をそぐばかりではありません。「イスラームの統一」の理念は、ヨーロッパ人の悪意ある作為によって本来の理念とは似ても似つかない「汎イスラーム主義」にすり替えられてしまいました。巷間言われる「汎イスラーム主義」とは、文明世界に狂犬のように襲いかかって蛮行を犯す、あるいはすべてのムスリムにキリスト教徒への攻撃を命じるような狂信的なイデオロギーです。しかし、これはイスラーム世界を侵略したヨーロッパ人が自己の正当化を図るために作り出したイメージであり、イブラヒムからすれば、「イスラームの統一」とは高邁な同胞主義、相互支援の原理にほかなりません。コーランの章句「汝ら、みんな一緒にアッラーの結びの綱にしっかりと縋りつき、ちりぢりになるではないぞ」(コーラン三章一〇三節)は、イブラヒムにとってはまさに哲理だったのです。

大旅行を終えたイブラヒムと山岡がイスタンブルに着くと、二人は大歓迎を受けます。山岡の『外遊秘話』*は、これを次のように記しています。

余は日本人として最初にアラビヤの神聖大会に参列したものであり、加之に余の同行者たる露国韃靼の老志士イブラヒムは、露国に於ける韃靼の知名の老志士であり、且つロマノフ王朝の忌避に触れて数次国外に放逐された人物であり、余と共にアラビヤ及びシリヤ旅行中は勿論土都に来てからも、既記の通り公会堂に、学校に、軍隊に、

*『外遊秘話』
飛竜閣、1922年刊。

寺院に、劇場に、大道に、随時随所に口角泡を飛ばして、回教徒覚醒の一大宣伝を試みた結果、我等両人の行動は著しく内外の視聴を惹き、終に土都駐在の列国使臣の猜疑を招き、列国公使館から犬を放ちて、余等の一挙手一投足を監視して居たような次第で……

イブラヒムは日本での見聞をすでに東京からイスタンブルの雑誌に書き送っていましたが、まもなく刊行された旅行記とあいまって、旅行家イブラヒムの名前は広く知られるようになりました。とりわけムスリム読者から大きな反響をよんだのは、彼の絶賛する日本人の姿でした。このときイスタンブルで活動していた詩人メフメト・アーキフ**は、イブラヒムの旅行記に触発されて、詩集「スレイマニエの説教壇から」を書きましたが、そのなかの「日本人」には次のようにうたわれています。

さあ聞きたまえ、日本人とはいったいどんな民族か？
だがうまく言い表すことはできない、驚くべきことなのだ！
これだけは言っておこう、イスラームの信仰は彼の地に
あまねく広まるも、ただその形は仏陀なり、と

**メフメト・アーキフ（1873-1936年）

農林省の獣医だったが、1908年の青年トルコ人革命後、詩人に転じ、イスラーム主義を鼓吹した。

行ってみたまえ、純粋なイスラームを日本人にこそ見たまえ！
この背丈は小さくとも偉大な民族の子らは今
ムスリムの資質を具えるにおいて比類なし
そこに欠けるは唯一神への信仰のみ（中略）
イスラームはそこに栄えることだろう
ただオスマン人の努力あればこそ

アーキフは、このように日本人を理想化しています。詩人は、日本を「アダムのもっとも清らかな子孫を持つ島」とすら表現しています。アーキフは、やがて新生トルコ共和国の国歌「独立行進曲」の作詞者ともなった国民的な詩人です。彼の作品は、イブラヒムの描いた日本人のイメージをさらにふくらませ、広めたことでしょう。親日国トルコの源流の一つはここに見いだすこともできます。ちなみに、イブラヒムが書いた全二巻の旅行記『イスラーム世界』第一巻の副題は「日本におけるイスラームの普及」です。それはイブラヒムやアーキフの夢を語っていたと言えるかもしれません。

イブラヒムは、汎イスラーム主義のジャーナリストとして健筆をふるい、まもなくオスマン帝国の国籍を取得しますが、時代はイタリア・トルコ戦争、バルカン戦争、そして第一次世界大戦へと続く、まさに戦争の時代でした。この間、イブラヒムは老骨にむち打ってリビアの前線に赴いてオスマン軍を鼓舞し、第一次世界大戦中はベルリンやストックホルムでさまざまな工作・宣伝活動にあたりました。そのなかでも特記されるのは、ドイツ軍の捕虜となったロシア・ムスリム将兵から兵を募り、あらたに「アジア大隊」を編成したことです。この部隊はやがてメソポタミア戦線に送られ、イギリス軍と戦っています。

大戦はイブラヒムにとっての二つの祖国、ロシア帝国とオスマン帝国をともに疲弊させました。一九一七年、ロシア革命*が起こってレーニンらの率いるソヴィエト政権が成立すると、イブラヒムはロシア・ムスリム解放の可能性を探るべく、久方ぶりにロシアに戻りました。しかし、内戦と飢餓に苦しむロシアの現実とおよそ宗教を否定するソヴィエト政権を前に、イブラヒムの期待はたたれてゆきます。この時期のイブラヒムには、多数の聴衆を前に宗教排撃の熱弁をふるったレーニンの演説後、声もなく沈黙するホールでひとり声をあげ、珍妙な反論をしてレーニンを面食わせたものの、深夜投宿先のホテルを訪ねてきた男から身に危険が迫っていることを知らされ、すみやかにモスクワを去ったという逸話も残されています。ソヴィエト政権に見切りをつけたイブラヒムは、ムスリムの反ソヴィエト武装闘争が行われていた中央アジアに潜行しますが、赤軍の軍事力にはかないませんでした。ふたたび旅の人となったイブラヒムは、新疆から中国を横断してウラジオスト

＊ロシア革命

ロシア帝国で起きた２月革命、10月革命の総称。10月革命後、史上初の社会主義政権が樹立された。

ークをめざします。そこでは息子が横浜正金銀行の社員として働いていたからです。彼はそこから犬養毅や頭山満に手紙を送り、日本渡航を試みますが回答はなく、やむなくイスタンブルへと向かいます。そこで一九二四年のこと、彼は一五年ぶりに「外遊」中の山岡光太郎と再会をはたすことになりました。

しかし、イブラヒムが戻ったのは、かつてスルタン＝カリフが君臨したオスマン帝国ではなく、列強の支持するギリシアとの戦いを勝ち抜いたトルコ共和国でした。スルタン＝カリフ制を廃止した大統領ムスタファ・ケマル*（後のアタテュルク）が目指したのは、政治とイスラームとを分離した世俗主義の国民国家でした。それはもはやイスラーム世界の盟主を主張することはなく、ひたすらトルコ人の統一と発展を求めることになります。そこには民族や国の別を越えたイスラーム世界を前提とする、イブラヒムのような汎イスラーム主義者の居場所はありませんでした。しだいに活動の場を奪われた彼は、トルコ内陸部コンヤ近郊の村に蟄居しなければなりませんでした。そこには、一九〇八年イブラヒムの勧めでロシア領内の西シベリアからオスマン帝国に移住したタタール人が住んでいました。普通ならばここで余生を送るはずでしたが、彼の闘志に衰えはなく、ひそかにレバノンやヒジャーズに潜行して汎イスラーム主義の活動を続けました。このようなイブラヒムに対して、トルコ政府は憲兵を派遣して監視下に置き、従わなければ国籍を剥奪するとい

＊ムスタファ・ケマル（1881-1938年）

オスマン帝国の将軍、トルコ革命の指導者、初代大統領（在任 1923-1938年）。

う脅しすらかけたといいます。可能ならばロシアに行かせてほしいという言葉は、彼の苦境のほどを物語っています。スターリン体制下のソ連に戻れば、抑圧あるいは死が待っていたのは明らかでした。このようなイブラヒムに日本行きの誘いをかけたのは、在アンカラの日本大使館に勤務する駐在武官で、その背後には参謀本部第二部がありました。一九三三年一一月、イブラヒムは再度来日しますが、それからまもなくアタテュルクはイブラヒムのトルコ国籍を除籍することを裁可します。以後、彼の名前はトルコでは忘れられていくことになります。

ふたたび日本へ

ふたたび東京に戻ったイブラヒムは来日するとすぐに頭山満とともに、前年の五・一五事件で暗殺された犬養毅の墓参をしています。一〇月一六日の『朝日新聞』は、このときのイブラヒムの談をこう伝えています。

廿五年前日本を訪れた時は、頭山、犬養、河野、中野、根津、大原の六先生と共に七人だった、体は七つでも魂は一つ、そこに生れた精神を以て廿五年間、回教と日本の精神的結合をはかった、今再び訪ねれば残るものは頭山翁と私と二人のみ、共に先生の墓にお参りして感ずることは、東洋のため大きな魂が墓に入った事を悲しむ心あるのみである。回教徒二億五千万も同じ思いである。

再来日したイブラヒムは、その目的をかなり率直に語っています。たとえば『読売新聞』に掲載された「元土耳古回教法王顧問・元全露回教管長」の談話では次の三点をあげています。第一に、国際連盟を脱退したばかりの日本とイスラーム世界との「握手提携」を促進すること、第二に、二五年ぶりに訪れた現況を観察、研究すること、第三は日本人がイスラームに対して持っている誤解や偏見を正すことです。第二の点について補足すれば、彼は二五年前誰に接しても感じた「美わしき東洋風の謙遜の態度」がうすれていることに注意を向けて、こう書いています。「現代日本の青年層には残念乍ら著しくこの固有の美徳を欠くのではないか。私は今日の日本を代表する青年士官の方々にも会った。新興日本を双肩に担う彼等は正に意気軒昂たるものがある。併し私は一面彼等のどこかに欧羅巴臭の漂うのを感ずるのである。私は日本人には心から共鳴するものである。されば彼等の欠点は力めて見ざらんとするのであるがそれにも拘らず、之を感ずるのは彼等にその因を為すものがあるからではないか」と（『日本及日本人』二九〇号、一九三四年）。イブラヒムは、明治と昭和の日本人のちがいを敏感にとらえていたようにみえます。

東京に居を定めたイブラヒムは、高齢にもかかわらず旺盛な活動を展開しました。このころ東京にはロシア革命後に満州方面から日本に亡命したタタール人（一般にトルコ・タタール人と呼ばれた）の結成した東京回教団というムスリムの団体がありました。小規模なコミュニティでしたが、彼らは異郷にあってもみずからのアイデンティティを保持すべく、学校や印刷所の運営を行っていました。一九三四年にはコーラン（アラビア語の原典、五七四頁）も刊行しています。さらに、この東京回教団は、おそらく日本側の支援を受けて『新日本通報』というアラビア文字のトルコ・タタール語で書かれた雑誌を刊行していました。「世界回教諸国に日本を紹介する唯一の雑誌」を標榜した同誌は、日本事情を積極的に伝えたほか、極東の情勢、そしてしだいにイスラーム世界の時事に関する記事を掲載するようになりました。毎号の表紙に日本の歴史や文化を象徴する写真を掲げながら、同誌はイスラーム世界と日本との紐帯を築こうとしていたのです。

イブラヒムは、この『新日本通報』に健筆をふるうことになります。中でも注目されるのは、第一二号（一九三三年一一月）に彼の来日歓迎会の模様を伝える記事と並んで掲載された論説「アル・ジハード（聖戦）」です。明らかに来日の前に書かれたこの論説の要旨は次の通りです。

先の大戦でムスリムは多くの誤りをおかした。甚大な被害と損失を被ったにもかかわらず、ムスリムは列強に欺かれ、戦後何一つとして得るところはなかった。現在も列強はムスリム諸国で抑圧的な政策を行っている。ムスリムは、いまやイスラームの将来に希望を失ってしまったかにみえる。しかし、ムスリムは今の惨めな情況から抜け出さなければならない。遠からずこの世界に巨大な変革と未曾有の戦争が予見されている今、ムスリムは再び誤りをおかすようなことがあってはならない。注意深くふるまって、だまされてはならない。現今、ムスリムは日本と日本人に目を向けるべきである。彼らは、我らと同じく道徳と倫理を重んじ、満州や日本に在住するムスリムに支援を惜しまない。今回一一月九日付けの東京の諸新聞によれば、日本は西欧諸国とは異なる世界観を表明し、アメリカがソヴィエト・ロシアと国交を結んだのに対して、日本はボリシェヴィキの非人道的な政策に終止符を打つことを宣言した。この声明はソヴィエト・ロシアに住む三千万のムスリムに向けられたものである。ゆえに、すべてのムスリムは自らの解放のために日本の側に与し、来るべき戦争においては日本人と手を組んで戦わねばならない。この重要な問題について、ウラマーは何が正しいかを判断し、すべてのムスリムに対してこのジハードは義務であることを説かねばならない。

イブラヒムが予見したとおり、やがて第二次世界大戦が起きます。ムスリムと日本人が手を組んだ戦争をジハードと考えたのは、おそらくイブラヒムが最初で最後でしょう。現実はそのようにはならず、そもそもこの『新日本通報』がどこまでムスリム読者に届いたのかも疑問です。しかし、このようなイブラヒムの論理が日本当局の期待に応えるものであったことは疑いがありません。

一九三八年、スターリン体制下のソ連では粛清の嵐が吹き荒れていました。イブラヒムの知己であった多くのムスリム知識人も「人民の敵」や「汎イスラーム主義者」として告発され、無実であったにもかかわらず生命を絶たれました。同じ年の五月、東京では最初のモスクが開堂します。イスラーム諸国からの来賓を含む盛大な開堂式で主役を務めたのは頭山満とイブラヒムでした。東京回教団の長老として尊敬を集めていたイブラヒムは、この代々木モスクの初代イマーム（導師）に任命されます。イスラーム世界と日本との連携をはかるには、首都東京にモスクが建立されるべき、という考えはイブラヒム年来の希望であり、ここに彼の夢の一つはかなったことになります。それから程なくして、東京に林銑十郎*陸軍大将を初代会長として、大日本回教協会が創立されました。その目的は「東亜新秩序の建設」にあたって「世界に三億を数えるムスリム諸民族」と日本との提携をはかることにありました。この協会にとってイブラヒムのように著名な長老は重要であり、

*林銑十郎（1876-1943年）
はやし・せんじゅうろう　陸軍軍人、政治家。陸軍大臣、内閣総理大臣、外務大臣、文部大臣などを歴任。

彼はかつて宇都宮太郎少将が構想したように、日本の対イスラーム政策にとって欠かすことのできない存在となってゆきます。

ところで、このころ上野は不忍池の近くに住んでいたイブラヒムを訪ねてアラビア語の教授を求める青年の姿がありました。最初、イブラヒムの反応は「自分は、アラビア語なんか教えた経験もないし、教える気も全然ない。自分の日本にいる目的は全然違うんだ」と剣もほろろであったといいます。しかし、青年の一途な願いに根負けしてアラビア語の授業を引き受けます。ただし、「イスラーム抜きにアラビア語をやることは愚劣だ」と言って、たんなる語学の授業とはしなかったといいます。二年ほど、毎日のように彼の家に通った青年の名前は、井筒俊彦[*]、後にイスラーム哲学・思想の泰斗として国際的にも活躍した大学者です。彼は後年、司馬遼太郎との対談の中で「タタール人二人の指導で、私は学問の世界にはいっていったわけですから」と語っている(『司馬遼太郎 歴史歓談』[**])。もう一人のタタール人とは、イブラヒムの後輩で、彼と同じくロシア・ムスリムの政治運動を指導した学者ムーサー・ビギエフ(一八七五―一九四九年)のことです。一九三〇年にソ連から亡命した後、流浪の身となったビギエフは、イブラヒム以上に井筒青年に学問的な影響を与えたようです。

一九四四年、大日本回教協会は、ムスリム住民の多い東南アジア向けの宣撫映画の製作

*井筒俊彦(1914-1993年)

いづつ・としひこ　言語学者、イスラーム学者、東洋思想研究者、神秘主義哲学者。慶應義塾大学名誉教授。

**『司馬遼太郎 歴史歓談』

司馬遼太郎ほか、中央公論新社、2000年刊。

を計画し、イブラヒムはその主役として登場することになりました。しかし、撮影は高齢の身にはこたえたようです。イブラヒムはしだいに体調を崩していきました。それでも、一九四四年七月二六日の『朝日新聞』は、病床のイブラヒムが語った「烈々たる意気」を次のように伝えています。

食うか食われるかの大戦下にある世界諸民族と同様、回教民族も今こそ興亡の関頭に立っている、この間に処する回教徒は常に次の点を考えねばならぬ、第一に東洋と回教徒の長い精神的結合である、回教は西欧からはビザンチン帝国や十字軍や近代の英仏の帝国主義的侵略等と常に敵意と迫害をうけているが、東洋との関係はこれとは反対に全く友好的である、印度でもインドネシアでもまた支那でも回教は平和的に布教された、殊に日本が示した非圧迫民族への同情とアジア諸民族独立への支援は絶大なもので、回教徒の盟友となすべきものは常に東洋および日本であることを教えている、第二の点は回教徒はあくまで団結を強め、独立獲得に邁進すべきである、西亜においてもその気運は強く働いている、米国の進出を恐れた英国は回教徒の甘心を買いつつあるのに乗じ、アラビア人はアラブ連盟を結成し、一致団結して将来米英へ反撃するための勢力を固めつつある、米英撃滅に起った東亜と団結する回教徒が協力するとき回教の復興もまた促進される、余はこの成果を見るまでは全力を傾注するものである。

イブラヒムの信念に揺らぎは見えませんが、死期は迫っていました。彼が没したのは、日本の敗色濃い一九四四年八月三一日のことでした。臨終の場に居合わせた人々の言によると、彼は最後に、「私はムスリムだ」という言葉を三度繰り返したといいます。イブラヒムの生涯は大日本帝国の興亡と重なるところが少なくありませんが、彼はみずからの信仰と信念を貫いたことを伝えたかったのかもしれません。

よみがえるイブラヒム

イブラヒムは没後ながらく忘れられた存在でした。彼の活動と思想にふたたび関心が寄せられたのは一九八〇年代末からのトルコでした。これは一九二三年にアタテュルクが創設した共和人民党が国民の支持を失い、代わってイスラーム主義に重きをおく政党が勢力を拡大する流れと軌を一にしています。一九九一年にソ連が解体すると、彼にゆかりのタタルスタンでも再評価が始まりました。日本でも戦前の対イスラーム政策への関心が高まるにつれて、関連する研究は着実に増えています。二〇一二年の五月にはトルコのコンヤで、二〇一四年の五月には東京で、イブラヒムに関する国際シンポジウムが開催されています。

冒頭に記したとおり、私はイブラヒムと直接の関係はもっていません。しかし、日本のイスラーム研究の発展に井筒俊彦のはたした役割が大きかったとすれば、その師にあたるイブラヒムのことを忘れるわけにはいきません。自分自身に引きつけて言えば、いまから三七年ほど前にトルコに留学したとき、私がはじめて古本屋で買ったのが、イブラヒムの旅行記『イスラーム世界』の第一巻でした。そのときは、古い日本の写真が目にとまって手にしたものの、それは長く本棚に鎮座するばかりでした。しかし、やがてトルコの研究者といっしょに精読する機会があり、さらに日本語訳を作成することになってから、私の関心は高まっていきました。彼は一九世紀末から二〇世紀半ばにおよぶ、まさに激動の世界を生きた、すこぶる行動的なムスリムであり、その著作は時代の空気を伝える迫真の史料となっているからです。それは彼の主張や解釈が正しいという意味ではありません。それは、この時代、さらには現代のイスラーム世界を理解する上で、たしかな参照軸の一つになるということです。とりわけイスラーム世界と日本との関係を考える上で、イブラヒムのことはもっと知られるべきでしょう。イスラーム世界と日本とは決して長く無縁であったわけではありません。その関わり方は、近い過去も現在も問われているのです。

このように見てくると、イブラヒムを広い意味での「わが師」とよんでも許されるかもしれません。イブラヒムは東京府中の多磨霊園内のムスリム墓地に眠っています。そこは今、私が勤めている東京外国語大学とは指呼の間にあります。これもなにかの縁でしょう。

参考文献

アブデュルレシト・イブラヒム（小松香織・小松久男訳）『ジャポンヤ―イブラヒムの明治日本探訪記』（イスラーム原典叢書）岩波書店、二〇一三年
臼杵陽「戦前日本の「回教徒問題」研究―回教圏研究所を中心として」岸本美緒編『東洋学の磁場』（岩波講座「帝国」日本の学知　三）岩波書店、二〇〇六年
宇都宮太郎関係資料研究会編『日本陸軍とアジア政策―宇都宮太郎日記Ⅰ』岩波書店、二〇〇七年
小松久男『イブラヒム、日本への旅―ロシア・オスマン帝国・日本』刀水書房、二〇〇八年
坂本勉「山岡光太郎のメッカ巡礼とアブデュルレシト・イブラヒム」池井優・坂本勉編『近代日本とトルコ世界』勁草書房、一九九九年
司馬遼太郎ほか『司馬遼太郎　歴史歓談』中央公論新社、二〇〇〇年
杉田英明『日本人の中東発見―逆遠近法のなかの比較文化史』東京大学出版会、一九九五年

わが師・先人を語る 2

2015（平成 27）年 12 月 30 日　初版 1 刷発行

編　者　公益財団法人　上廣倫理財団
発行者　鯉　渕　友　南
発行所　株式会社　弘　文　堂　101-0062　東京都千代田区神田駿河台 1 の 7
TEL 03（3294）4801　振替 00120-6-53909
http://www.koubundou.co.jp

装　丁　松村大輔
装　画　宍戸竜二
組　版　堀江制作
印　刷　大盛印刷
製　本　井上製本所

© 2015 The Uehiro Foundation on Ethics and Education. Printed in Japan.

JCOPY <（社）出版者著作権管理機構 委託出版物>
本書の無断複写は著作権法上での例外を除き禁じられています。複写される場合は、そのつど事前に、（社）出版者著作権管理機構（電話 03-3513-6969、FAX 03-3513-6979、e-mail: info@jcopy.or.jp）の許諾を得てください。
また本書を代行業者等の第三者に依頼してスキャンやデジタル化することは、たとえ個人や家庭内での利用であっても一切認められておりません。

ISBN 978-4-335-16081-3

わが師・先人を語る１

上廣倫理財団 編

村井　實（教育学・慶応義塾大学名誉教授）
ペスタロッチー先生、長田新先生と私

熊野純彦（哲学、倫理学・東京大学教授）
和辻哲郎と私

斎藤兆史（英文学、英語学・東京大学教授）
新渡戸稲造の教養と修養

島薗　進（宗教学・上智大学教授）
安丸良夫先生と私

中西　寛（国際政治学・京都大学教授）
髙坂正堯先生の日本への思い

河合雅雄（霊長類学・京都大学名誉教授）
今西錦司先生の仲間たちと私

河合俊雄（心理学・京都大学教授）
河合隼雄との三度の再会

富永健一（社会学・東京大学名誉教授）
尾高邦雄先生と私

弘文堂・本体 2000 円＋税